WILHELM WERTENBRUCH UND HANS OTTO FREITAG

Das Kirchenamt im Recht der gesetzlichen Unfallversicherung

Staatskirchenrechtliche Abhandlungen

Herausgegeben von Ernst Friesenhahn · Alexander Hollerbach · Josef Isensee
Joseph Listl · Hans Maier · Paul Mikat · Klaus Mörsdorf · Ulrich Scheuner

Band 9

Das Kirchenamt im Recht der gesetzlichen Unfallversicherung

Ein Beitrag zur normativen Harmonisierung kirchlichen und staatlichen Rechtsverständnisses im Sozialrecht

Von

Wilhelm Wertenbruch und Hans Otto Freitag

DUNCKER & HUMBLOT / BERLIN

Schriftleitung der Reihe „Staatskirchenrechtliche Abhandlungen“:
Prof. Dr. Joseph Listl, Lennéstraße 25, D-5300 Bonn 1

Gedruckt 1979 bei Buchdruckerei Bruno Luck, Berlin 65
Printed in Germany
ISBN 3 428 04294 8

Vorwort

Diese Untersuchung beruht auf einer erheblich überarbeiteten gutachtlichen Stellungnahme, die von den Verfassern ursprünglich zur Vorlage beim Bundessozialgericht zu der Frage erstattet worden ist, ob einem ehrenamtlich tätigen Mitglied eines katholischen Kirchenchors, das im Zusammenhang mit der Ausübung seiner Tätigkeit im Kirchenchor einen schweren Unfall erlitten hatte, Anspruch auf Versicherungsschutz nach den Vorschriften der gesetzlichen Unfallversicherung zusteht. Bedingt durch den Ausgangsfall werden in der Untersuchung, soweit innerkirchliches Recht in Frage stand, vor allem Bestimmungen des katholischen Kirchenrechts herangezogen; die Ausführungen und Ergebnisse dieser Arbeit gelten im Grundsatz aber ebenso für gleichgelagerte Fälle im Bereich der evangelischen Kirche und in den übrigen öffentlich-rechtlichen Religionsgemeinschaften.

Rechtsnormen des kirchlichen und staatlichen Ordnungsgefüges bestimmen den *sozialrechtlichen* Status der Inhaber kirchlicher Ämter. Die Untersuchung dient dem Versuch, bei Anerkennung eines Selbstbestimmungsrechts von Kirche und Staat aufzuzeigen, daß die soziale Sicherung von kirchlichen Amtswaltern gewährleistet ist, soweit das *Kirchenrecht* normativen Eingang in die staatlichen Sozialrechtsvorschriften findet. Das Kirchenrecht und das Kirchenamt weisen damit über den innerkirchlichen Rechtskreis hinaus. Durch das *Staatskirchenrecht* finden sie als rechtserhebliche Tatbestände und Normen Eingang in das *Sozialrecht*. Diese Kooperation von Kirche und Staat führt zum staatlichen Versicherungsschutz auch desjenigen, der seinen Auftrag darin sieht, kirchliche Aufgaben wahrzunehmen.

Die Verfasser danken den Herausgebern und vor allem dem Schriftleiter der Reihe „Staatskirchenrechtliche Abhandlungen“, Herrn Prof. Dr. Joseph Listl, für die freundliche Aufnahme dieser Untersuchung in die Reihe „Staatskirchenrechtliche Abhandlungen“.

Bochum, den 15. Mai 1978

Wilhelm Wertenbruch

Hans Otto Freitag

Inhaltsverzeichnis

Einleitung 11

Erster Teil

Versicherungsrechtliche Einordnung der mit kirchlichen Aufgaben betrauten Personen 13

I. Fragestellung 13

II. Zur Methodik der Untersuchung 15

III. Sozialrechtlicher Unfallversicherungsschutz als Staatsaufgabe 18

IV. Schutzbereich der Unfallversicherung 19

1. Regelungsinhalt und Regelungsintention des Schutzbereichskatalogs in § 539 RVO 19
   a) Bedeutung des § 539 Abs. 1 Nr. 1 RVO 20
   b) Bedeutung des § 539 Abs. 1 Nr. 3 RVO 23
   c) Bedeutung des § 539 Abs. 2 RVO 27
   d) Theoretische und dogmatische Standortbestimmung des § 539 Abs. 1 Nr. 13 RVO 34
2. Zum Geltungsgrund des kirchlichen Rechts 37

Zweiter Teil

Das Selbstbestimmungsrecht 40

I. Rechtsetzungsbefugnis als theoretisches Rechtsproblem 40

II. Selbstbestimmung und Verfassungsrecht 44

Dritter Teil

Unfallversicherung und Körperschaftsstatus 48

I. Der Körperschaftsstatus und sein kirchenrechtlicher Gehalt 50

II. Die Diözesen der katholischen Kirche und ihre Untergliederungen als Körperschaften des öffentlichen Rechts 52

III. Körperschaftsstatus und Aufgabe 55

IV. Öffentliche und staatliche Aufgaben 58

V. Eigene Angelegenheiten der Kirchen und ihnen übertragene staatliche Befugnisse 62

VI. Staatliche Unfallversicherungspflicht und kirchliche Organisationsgewalt 64

Vierter Teil

Funktion und Begriff des Amtes im öffentlichen Recht 67

I. Die Bedeutung des öffentlich-rechtlichen Amtsbegriffs 71

II. Spezifika des kirchlichen Amtsbegriffs und seine theoretischen Implikationen 75

III. Das Kirchenamt als göttliches und menschliches Mandat 78

IV. Kirchenamt und Unfallversicherungsschutz 79

V. Ehrenamt und ehrenamtliche Tätigkeit als Gegenstand des Unfallversicherungsrechts und ihre Abgrenzung zum Hauptamt 80

VI. Die Rechtsprechung zum kirchlichen Chorgesang als ehrenamtlicher Tätigkeit im Sinne des § 539 Abs. 1 Nr. 13 RVO und der Erkenntnisfortschritt des Ministrantenurteils 86

VII. Die Kriterien des kirchlichen Amtsbegriffs 88

VIII. Kirchenamt und versicherungsrechtliches Ehrenamt 90

IX. Die Kriterien kirchlicher Ehrenämter unter besonderer Berücksichtigung des Chorsängers und Ministranten 91

X. Ehrenamt und Unentgeltlichkeit 95

XI. Exemplarische Darstellung versicherungsrechtlich bedeutsamer Haupt- und Ehrenämter 96

Fünfter Teil

Der Schutzzweck der Unfallversicherung als Schadensregulativ 98

Schluß 104

Anhang 106

I. Entscheidungen des Bundessozialgerichts 106

II. Das Ehrenamt in den Bestimmungen der RVO und in der Gemeindeordnung des Landes Nordrhein-Westfalen 115

III. Codex Iuris Canonici vom 27. Mai 1917 116

IV. Instruktion über die Kirchenmusik 117

V. Konstitution über die heilige Liturgie „Sacrosanctum Concilium“ .. 118

VI. Instruktion über die Musik in der Liturgie 118

VII. Allgemeine Einführung in das Römische Meßbuch 119

Literaturverzeichnis 121

Sachwortregister 129

Abkürzungsverzeichnis

AAS	=	Acta Apostolicae Sedis
AcP	=	Archiv für die civilistische Praxis
AöR	=	Archiv des öffentlichen Rechts
ArchkathKR	=	Archiv für katholisches Kirchenrecht
ASS	=	Acta Sanctae Sedis
AT	=	Allgemeiner Teil
Bayer.	=	Bayern (Bayerisch)
BayVBl.	=	Bayerische Verwaltungsblätter
BGB	=	Bürgerliches Gesetzbuch
BGH	=	Bundesgerichtshof
BGHZ	=	Entscheidungen des Bundesgerichtshofs in Zivilsachen
BKK	=	Die Betriebskrankenkasse
Breith.	=	Breithaupt
BRRG	=	Beamtenrechtsrahmengesetz
BSG	=	Bundessozialgericht
BSGE	=	Entscheidungen des Bundessozialgerichts
BSHG	=	Bundessozialhilfegesetz
BVerfG	=	Bundesverfassungsgericht
BVerfGE	=	Entscheidungen des Bundesverfassungsgerichts
BVerfGG	=	Bundesverfassungsgerichtsgesetz
BVerwG	=	Bundesverwaltungsgericht
BVerwGE	=	Entscheidungen des Bundesverwaltungsgerichts
BW	=	Baden-Württemberg (Baden-Württembergisch)
BW VerfGHE	=	Entscheidungen des Baden-Württembergischen Verfassungsgerichtshofs
c.	=	canon
CIC	=	Codex Iuris Canonici
DÖV	=	Die Öffentliche Verwaltung
DVBl.	=	Deutsches Verwaltungsblatt
GG	=	Grundgesetz
GO	=	Gemeindeordnung
GVG	=	Gerichtsverfassungsgesetz
HdbStKirchR	=	Handbuch des Staatskirchenrechts der Bundesrepublik Deutschland
Hess.	=	Hessen (Hessisch)
JuS	=	Juristische Schulung
JZ	=	Juristenzeitung
KV	=	Die Krankenversicherung
LSG	=	Landessozialgericht
Nds.	=	Niedersachsen (Niedersächsisch)
NJW	=	Neue Juristische Wochenschrift
NW	=	Nordrhein-Westfalen (Nordrhein-Westfälisch)
OLG	=	Oberlandesgericht
OVG	=	Oberverwaltungsgericht
RdA	=	Recht der Arbeit
Rh.-Pf.	=	Rheinland-Pfalz (Rheinland-Pfälzisch)
RVO	=	Reichsversicherungsordnung
Saarl.	=	Saarland (Saarländisch)
Schl.-H.	=	Schleswig-Holstein (Schleswig-Holsteinisch)
SG	=	Sozialgericht

SGb.	=	Die Sozialgerichtsbarkeit
SGB	=	Sozialgesetzbuch
SGG	=	Sozialgerichtsgesetz
VerfGH	=	Verfassungsgerichtshof
VersR	=	Versicherungsrecht
VerwArch.	=	Verwaltungsarchiv
VVDStRL	=	Veröffentlichungen der Vereinigung der Deutschen Staatsrechtslehrer
VwGO	=	Verwaltungsgerichtsordnung
WRV	=	Weimarer Reichsverfassung
ZBR	=	Zeitschrift für Beamtenrecht
ZevKR	=	Zeitschrift für evangelisches Kirchenrecht

Einleitung

In letzter Zeit war den Gerichten der Sozialgerichtsbarkeit immer wieder die Frage vorgelegt worden, ob die *Wahrnehmung kirchlicher Aufgaben* — um an dieser Stelle nicht schon auf den Amtsbegriff zu rekurrieren — dem *gesetzlichen Unfallversicherungsschutz* unterliegt. Die Rechtsprechung hat sich — zumindest zunächst — nicht einheitlich entwickelt, wie vor allem auch die im Anhang abgedruckten Urteile, bzw. deren Tenor zeigen. Sie hat zugleich dahin geführt, daß die Rechtsprechung keinen einheitlichen Unfallversicherungsschutz für die Mitglieder von katholischen und evangelischen Kirchenchören gewährt hat. Mit der vorliegenden Untersuchung soll Gelegenheit genommen werden, zur Aufbereitung der Rechtslage katholischer Kirchenamtswalter beizutragen, um an diesem Bereich exemplarisch die staats- und kirchenrechtlichen Grundzüge des Unfallversicherungsschutzes herauszuarbeiten und das Verhältnis, ja *die Interdependenz von Staats- und Kirchenrecht* deutlich zu machen. Dies ist nicht nur ein sozialrechtlich motiviertes Anliegen, sondern es weist darüber hinaus auf die staats- und staatskirchenrechtliche Problematik, wie sie immer wieder Gegenstand der Diskussion ist und zuletzt unter dem Aspekt des Dienst- und Arbeitsrechts bei den 10. „Essener Gesprächen zum Thema Staat und Kirche" behandelt wurde.

Dem Staatsrechtler fällt auf, mit welcher Unbekümmertheit die sozialgerichtliche Rechtsprechung staatliches Recht auf kirchliche Institutionen und ihre Gliederungen anwendet, ohne auch nur einen Gedanken an die Weimarer Kirchenartikel, insbesondere Art. 137 WRV oder gar an das Souveränitätsproblem staatlicher und kirchlicher Rechtsetzer zu verschwenden. Beide Rechtsbereiche sozusagen zu harmonisieren und die Relevanz beider Rechtsmaterien und den Regelungsgehalt ihrer Normen im je anderen Selbstbestimmungsbereich aufzuzeigen, ist die nachfolgende Untersuchung für das katholische Kirchenrecht bemüht.

Daraus ist allerdings keinesfalls der Schluß zu ziehen, daß diese Überlegungen für die Rechtslage derjenigen Tätigkeiten, die für die evangelische Kirche erbracht werden, ohne Belang wäre, da sie soweit reichen, wie die staats- und kirchenrechtstheoretischen und dogmatischen Rechtsgründe von allgemeiner Bedeutung sind.

Das im Anhang abgedruckte Material, kirchenrechtliche, staatsrechtliche und sozialrechtliche Normen sowie die Wiedergabe einiger einschlägiger Leitsätze bundessozialgerichtlicher Entscheidungen und der vollständige Abdruck eines Urteils des Bundessozialgerichts sollen zum einen den Zugang zu der Materie erleichtern, zum anderen die Analyse des rechtlichen Befundes durch Beigabe des untersuchten Gegenstandes, vor allem der Rechtsprechung, von der Darstellung des herangezogenen Materials entlasten. Die vorgenommene Auswahl ist, wie jede Bestimmung des Forschungsmaterials, letztlich willkürlich und damit zufällig, versucht aber gleichwohl, sich an dem vorgegebenen Untersuchungsgegenstand und der damit verbundenen Fragestellung auszurichten. Wenn dabei zur Klärung allgemeiner Fragestellungen auf die von der Rechtsprechung zu bewältigenden Sachverhalte Bezug genommen wird, so soll damit der bereits aufgearbeitete juristische Boden verwertet, die Problemstellung darauf aber nicht verengt werden. Soweit die im einzelnen genannten Kriterien erfüllt werden, sind die Feststellungen — auch der Rechtsprechung — für alle anderen Kirchenamtswalter ebenfalls einschlägig.

Erster Teil

Versicherungsrechtliche Einordnung der mit kirchlichen Aufgaben betrauten Personen

I. Fragestellung

Zur Beantwortung steht die Frage, *ob kirchliche Amtswalter bei der Wahrnehmung ihrer Aufgaben gem. § 539 RVO in der gesetzlichen Unfallversicherung gegen Unfall versichert sind.* Dabei soll die Beantwortung dieser Frage aus kirchenrechtsdogmatischen Gründen in erster Linie auf die Darstellung *katholischer* Kirchenamtswalter beschränkt werden. Die in dieser Untersuchung erarbeiteten Ergebnisse gelten aber ebenso für die Inhaber kirchlicher Dienstämter in der *evangelischen* Kirche und in *allen übrigen öffentlich-rechtlichen Religionsgemeinschaften.* Zur Veranschaulichung kann dabei auf diejenigen kirchlichen Amtswalter zurückgegriffen werden, deren unfallversicherungsrechtlicher Status bislang Gegenstand der sozialgerichtlichen Rechtsprechung gewesen ist[1]. Zur Information derjenigen Leser, denen unfallversicherungsrechtliche Normen nicht ohne weiteres zugänglich sind, ist der Gesetzestext des § 539 RVO an dieser Stelle im vollen Wortlaut abgedruckt.

§ 539 RVO [Personenkreis]

(1) In der Unfallversicherung sind, unbeschadet der §§ 541 und 542, gegen Arbeitsunfall versichert

1. die auf Grund eines Arbeits-, Dienst- oder Lehrverhältnisses Beschäftigten,
2. Heimarbeiter, Zwischenmeister, Hausgewerbetreibende (§ 162) und ihre im Unternehmen tätigen Ehegatten sowie die sonstigen mitarbeitenden Personen,
3. Personen, die zur Schaustellung oder Vorführung künstlerischer oder artistischer Leistungen vertraglich verpflichtet sind,
4. Personen, die nach den Vorschriften des *Gesetzes über Arbeitsvermittlung und Arbeitslosenversicherung* oder im Vollzug des Bundessozialhilfegesetzes der Meldepflicht unterliegen, wenn sie

---

[1] Vgl. zum Ministranten: BSGE 39, 24, Bayer. LSG, Breith. 62 (1973), S. 361 und BW LSG, Breith. 59 (1970), S. 477; zum röm.-kath. Chormitglied: BSG, SGb. 1976, S. 66; zum ev.-luth. Chormitglied: BSGE 34, 163; zum Fußballspieler: BSGE SGb. 1977, S. 141 f.

a) zur Erfüllung ihrer Meldepflicht die hierfür bestimmte Stelle aufsuchen oder
b) auf Aufforderung einer Dienststelle der *Bundesanstalt für Arbeitsvermittlung und Arbeitslosenversicherung* oder einer seemännischen Heuerstelle diese oder andere Stellen aufsuchen,

5. Unternehmer, solange und soweit sie als solche Mitglieder einer landwirtschaftlichen Berufsgenossenschaft sind, ihre mit ihnen in häuslicher Gemeinschaft lebenden Ehegatten und die in Unternehmen zum Schutze und zur Förderung der Landwirtschaft einschließlich der landwirtschaftlichen Selbstverwaltung und ihrer Verbände Tätigen.

6. Küstenschiffer und Küstenfischer als Unternehmer gewerblicher Betriebe der Seefahrt (Seeschiffahrt und Seefischerei), die zur Besatzung ihres Fahrzeugs gehören oder als Küstenfischer ohne Fahrzeug fischen und die bei dem Betrieb regelmäßig keine oder höchstens zwei kraft Gesetzes versicherte Arbeitnehmer gegen Entgelt beschäftigen, sowie deren im Unternehmen tätige Ehegatten,

7. die im Gesundheits- oder Veterinärwesen oder in der Wohlfahrtspflege Tätigen,

8. die in einem Unternehmen zur Hilfe bei Unglücksfällen Tätigen sowie die Teilnehmer an Ausbildungsveranstaltungen dieser Unternehmen einschließlich der Lehrenden,

9. Personen, die
   a) bei Unglücksfällen oder gemeiner Gefahr oder Not Hilfe leisten oder einen anderen aus gegenwärtiger Lebensgefahr oder erheblicher gegegenwärtiger Gefahr für Körper oder Gesundheit zu retten unternehmen,
   b) einem Bediensteten des Bundes, eines Landes, einer Gemeinde, eines Gemeindeverbandes oder einer anderen Körperschaft, Anstalt oder Stiftung des öffentlichen Rechts, der sie zur Unterstützung bei einer Diensthandlung heranzieht, Hilfe leisten,
   c) sich bei Verfolgung oder Festnahme einer Person, die einer rechtswidrigen, den Tatbestand eines Strafgesetzes verwirklichenden Tat verdächtig ist, oder zum Schutz eines widerrechtlich Angegriffenen persönlich einsetzen,

10. Blutspender und Spender körpereigener Gewebe,

11. Personen, die auf Grund von Arbeitsschutz- oder Unfallverhütungsvorschriften ärztlich untersucht oder behandelt werden,

12. a) Personen, die Luftschutzdienst leisten, wenn sie hierzu durch eine zuständige Stelle herangezogen sind oder wenn sie handeln, weil Gefahr im Verzuge ist,
    b) freiwillige Helfer des *Bundesluftschutzverbandes,*
    c) Teilnehmer an den Ausbildungsveranstaltungen des Bundesamtes für *zivilen Bevölkerungsschutz*, des *Bundesluftschutzverbandes* oder des Luftschutzhilfsdienstes einschließlich der Lehrenden,

13. die für den Bund, ein Land, eine Gemeinde, einen Gemeindeverband oder eine andere Körperschaft, Anstalt oder Stiftung des öffentlichen Rechts ehrenamtlich Tätigen, wenn ihnen nicht durch Gesetz eine laufende Ent-

schädigung zur Sicherstellung ihres Lebensunterhalts gewährt wird, und die von einem Gericht, einem Staatsanwalt oder einer sonst dazu berechtigten Stelle zur Beweiserhebung herangezogenen Zeugen,

14. a) Kinder während des Besuchs von Kindergärten,
 b) Schüler während des Besuchs allgemeinbildender Schulen,
 c) Lernende während der beruflichen Aus- und Fortbildung und ehrenamtlich Lehrende in Betriebsstätten, Lehrwerkstätten, berufsbildenden Schulen, Schulungskursen und ähnlichen Einrichtungen, soweit sie nicht bereits zu den nach den Nummern 1 bis 3 und 5 bis 8 Versicherten gehören,
 d) Studierende während der Aus- und Fortbildung an Hochschulen, soweit sie nicht bereits zu den nach den Nummern 1 bis 3 und 5 bis 8 Versicherten gehören,

15. Personen, die bei dem Bau eines Familienheimes (Eigenheim, Kaufeigenheim, Kleinsiedlung), einer eigengenutzten Eigentumswohnung, einer Kaufeigentumswohnung oder einer Genossenschaftswohnung im Rahmen der Selbsthilfe tätig sind, wenn durch das Bauvorhaben öffentlich geförderte oder steuerbegünstigte Wohnungen geschaffen werden sollen. Dies gilt auch für die Selbsthilfe bei der Aufschließung und Kultivierung des Geländes, der Herrichtung der Wirtschaftsanlagen und der Herstellung von Gemeinschaftsanlagen. Für die Begriffsbestimmungen sind die §§ 5, 7 bis 10, 12, 13 und 36 des Zweiten Wohnungsbaugesetzes in der Fassung vom *1. August 1961 (Bundesgesetzbl. I S. 1121)* maßgebend,

16. Entwicklungshelfer im Sinne des Entwicklungshelfer-Gesetzes vom 18. Juni 1969 (Bundesgesetzbl. I S. 549), die im Ausland für eine begrenzte Zeit beschäftigt sind oder im Ausland oder im Geltungsbereich dieses Gesetzes für eine solche Beschäftigung vorbereitet werden,

17. Personen,
 a) denen von einem Träger der gesetzlichen Krankenversicherung oder der gesetzlichen Rentenversicherung oder einer landwirtschaftlichen Alterskasse stationäre Behandlung im Sinne des § 559 gewährt wird,
 b) die auf Kosten eines Trägers der gesetzlichen Rentenversicherung oder der Bundesanstalt für Arbeit an einer berufsfördernden Maßnahme zur Rehabilitation teilnehmen, soweit sie nicht bereits zu den nach den Nummern 1 bis 3, 5 bis 8 und 14 Versicherten gehören, oder
 c) die zur Vorbereitung von berufsfördernden Maßnahmen zur Rehabilitation auf Aufforderung eines in Buchstabe b genannten Trägers diesen oder andere Stellen aufsuchen.

(2) Gegen Arbeitsunfall sind ferner Personen versichert, die wie ein nach Absatz 1 Versicherter tätig werden; dies gilt auch bei nur vorübergehender Tätigkeit.

II. Zur Methodik der Untersuchung

Methodisch geht die Untersuchung in der Weise vor, daß sie eine am positiven Recht orientierte Lösung sucht, die zu einem dogmatisch abgesicherten Entscheidungsvorschlag führen kann. Positives Recht ist in diesem Zusammenhang *nicht nur das Sozialversicherungsrecht,* sondern auch das *Staatskirchen- und Kirchenrecht,* letzteres allerdings nur insoweit, als die versicherungsrechtlichen Regelungen auf Vorschriften des Kirchenrechts verweisen bzw. sie inzidenter in Bezug nehmen.

Der versicherungsrechtliche Rahmen ist also zunächst abzustecken. Dazu ist es erforderlich, die Relevanz der in Betracht kommenden einzelnen Regelungen des § 539 RVO für die Rechtsfragen des vorliegenden Sachverhalts zu bestimmen. Hierbei ist vor allem zwischen *haupt-* und *ehrenamtlich tätigen Personen* zu unterscheiden.

Um feststellen zu können, ob und wann das Unfallversicherungsrecht Personen Unfallversicherungsschutz gewährt, die bei einer Körperschaft des öffentlichen Rechts haupt- oder ehrenamtlich tätig sind, ist der *Körperschafts- und Amtsbegriff*, den das Gesetz selbst in § 539 Abs. 1 Nr. 13 RVO zur Kennzeichnung ehrenamtlicher Betätigung verwendet, eingehend zu untersuchen. Daran erst kann sich die Erörterung anschließen, welcher Personenkreis kirchlicher Bediensteter in der Unfallversicherung leistungsberechtigt ist. Da das Gesetz die dem organisationsrechtlichen Bereich zugehörigen Termini Körperschaft und Amt einführt, ohne sie inhaltlich zu bestimmen, sind deren Kriterien im einzelnen zu untersuchen und darzutun.

Neben anderen Personenkreisen unterstellt § 539 Abs. 1 Nr. 13 RVO diejenigen ehrenamtlich Tätigen dem gesetzlichen Unfallversicherungsschutz, die einer Körperschaft des öffentlichen Rechts angehören. Der Gesetzgeber knüpft also zum einen an den besonderen öffentlich-rechtlichen Rechtscharakter an, der staatsbezogen ist und im allgemeinen dadurch gekennzeichnet wird, daß er Teil der — mittelbaren — Staatsorganisation ist; zum anderen scheint es, als überantworte er den zu versichernden Personenkreis der Eigenbestimmung durch die Körperschaften, indem er ihnen die inhaltliche Ausfüllung des Begriffes „Ehrenamt" überläßt. Es wird also zu untersuchen sein, was sich aus dem öffentlich-rechtlichen Rechtscharakter für den Amtsbegriff folgern läßt und wieweit umgekehrt die kirchliche Selbstbestimmung im Rahmen des Körperschaftsstatus den versicherungsrechtlichen Rahmen legitimerweise ausfüllt.

Damit ist eine der schwierigen Fragen des Staats- und Organisationsrechts angesprochen. Die Diskussionsbreite erstreckt sich von der These, das Amtsrecht der Kirche sei bedingt durch den Charakter der wahrgenommenen Aufgaben bis hin zu der Vorstellung, das Amtsrecht der Kirche werde unabhängig von den Aufgaben durch diese selbst bestimmt. Die erste Auffassung bestimmt den Amtsbegriff inhaltlich durch solche Aufgaben, die öffentlich-rechtlicher Natur sind, und bewirkt damit eine extensionale Gleichheit der wahrzunehmenden Aufgaben, der amtsrechtlichen Wahrnehmungszuständigkeit und des öffentlich-rechtlichen Status der Religionsgemeinschaften[2]. Die andere

Auffassung betrachtet alle kirchlichen Aufgaben als öffentliche, so daß eigene und übertragene Aufgaben durch den jeweils zuständigen Amtswalter wahrgenommen werden[3]. In diesem Fall wird also das kirchliche Organisationsrecht nicht mit einem speziellen öffentlich-rechtlichen Status verknüpft, sondern der einheitliche öffentliche Auftrag der Kirchen in den Vordergrund gestellt.

Die nähere Untersuchung wird zeigen, daß beide dogmatischen Konstrukte auf einen rechtlichen Idealtypus zustreben, den der Gesetzgeber in dieser Reinform nicht verwirklicht hat. Vielmehr hat der Gesetzgeber positiv-rechtlich die Rechtsbeziehung des kirchlichen Amtswalters zu seinem Amt für den staatlichen Rechtsbereich relativiert, so daß es für den öffentlich-*rechtlichen* Bereich jeweils der Bestimmung des kirchlichen Amtsbegriffs durch das positive staatliche Amtsverständnis bedarf.

Auch Art. 137 Abs. 3 WRV läßt diese Interdependenz von staatlichem und kirchlichem Recht erkennen, selbst wenn Satz 2 und 3 der Vorschrift durchaus eine gewisse noch näher zu erläuternde Spannungslage in sich tragen. Jedenfalls werden die Kirchen gemäß Satz 1 der verfassungsrechtlichen Regelung an die allgemeinen staatlichen Grundnormen gebunden, zu denen auch die gesetzgeberische Ausgestaltung der sozialen Sicherung zu zählen ist. Soweit also die Kirche im Sinne des Art. 137 Abs. 3 Satz 2 WRV ihre Ämter eigenverantwortlich verleiht, bleibt zu untersuchen, wieweit die kirchliche Selbstorganisation durch staatliche Bindungen durchsetzt ist oder aber lediglich an bereits bestehende Tatbestände Rechtsfolgen begründende Anbindungen geknüpft werden.

Für den Gang der Untersuchung bedeutet dies, daß zunächst zu erörtern ist, ob im kirchlichen Bereich tätige Personen überhaupt eine Aufgabe oder ein Amt im Sinne des kanonischen Rechts wahrnehmen und ob dies bejahendenfalls ein Ehrenamt im Sinne des § 539 Abs. 1 Nr. 13 RVO oder aber ein Hauptamt im Sinne des § 539 Abs. 1 Nr. 1 RVO bzw. des jeweiligen Analogon i.S.d. Abs. 2 der Vorschrift ist.

Steht bei dieser Interpretation des § 539 RVO der organisationsrechtliche Aspekt zur Lösung des sozialversicherungsrechtlichen Problems im Vordergrund, so werden weitere Topoi zeigen, daß auch die sozialversicherungsrechtliche Regelung indiziell darauf hinweist, kirchlich tätige Personen zu versichern. Die Gesetzessystematik macht deutlich, wenn man überhaupt bereit ist, eine solche anzuerkennen, daß *die Tendenz des Gesetzgebers darauf gerichtet ist, weitgehend Unfallversicherungsschutz zu gewähren.* Aber auch wenn man der gesetzlichen

[2] Siehe unten, S. 48 ff.

[3] Siehe unten, S. 55 ff.

Regelung die Systematik abspricht, zeigt der weitgezogene Personenkreis, dem Unfallversicherungsschutz zuteil wird und zu dessen Bestimmung Begriffe aus anderen Rechtsgebieten entlehnt sind, daß der Gesetzgeber Unfallversicherungsschutz weitgehend gewähren will und mangels hinreichender Durchgliederung des Versicherungsrechts und seiner Standortbestimmung im System der sozialen Sicherung die Festlegung des Personenkreises gar der Selbstbestimmung durch einzelne Versicherungsgruppierungen überläßt.

III. Sozialrechtlicher Unfallversicherungsschutz als Staatsaufgabe

Das Unfallversicherungsrecht erfaßt in einer Fülle von Normen den versicherten Personenkreis, der dem Unfallversicherungsschutz unterliegen soll. Auch der Unfallversicherungsschutz für kirchliche Amtswalter oder mit kirchlichen Aufgaben betraute Personen kann also nur Platz greifen, wenn die Versicherungsmerkmale erfüllt sind. Da die öffentlich-rechtliche Unfallversicherung Staatsaufgabe ist und damit auch staatlicher Regelungskompetenz unterliegt, kann sich Versicherungsschutz für kirchliche Bedienstete in der sozialrechtlichen Unfallversicherung nur soweit entfalten, wie er durch die Sozialgesetzgebung vorgegeben ist.

Dies gilt auch, soweit es sich um staatliches Sozialleistungsrecht handelt, da der Allgemeine Teil des Sozialgesetzbuchs in § 31 nunmehr den Gesetzesvorbehalt auch für die Leistungsverwaltung festgeschrieben hat. Außerhalb des gesetzlichen Leistungskataloges dürfen Sozialleistungen auch in der Unfallversicherung nicht (mehr) erbracht werden.

Allerdings bleibt neben der Gleichstellung von Eingriffs- und Leistungsvorbehalt im Sozialrecht die Frage weiterhin offen, ob der Vorbehalt des Gesetzes ein förmliches parlamentarisches Gesetz bzw. parlamentarisch abgeleitete Rechtssätze verlangt oder nicht, mit der Folge, daß wesentliche Probleme des Gesetzesvorbehalts, wie sie durch die konstitutionelle Staatslehre auf uns überkommen sind, sozialgesetzlich keiner Lösung zugeführt werden[4]. Hier behält der Begriff des „materiellen" Gesetzes gerade im Sozialrecht seine traditionelle Bedeutung, vor allem, soweit er bereits wieder in die amtliche Begründung eingeführt wird[5]. Die dogmatischen Schwierigkeiten des staatsrechtlichen Gesetzesbegriffs lassen aber die kirchenrechtliche Regelung insoweit

---

[4] Siehe *Erichsen*, Staatsrecht und Verfassungsgerichtsbarkeit II, S. 95 ff.; *Hansen*, Fachliche Weisung, S. 245; *Jesch*, Gesetz und Verwaltung, S. 12 ff.; *Rupp*, Grundfragen, S. 27 f.; *Thoma*, Grundbegriffe und Grundsätze, S. 108 ff.; *Wolff*, in: Wolff / Bachof, Verwaltungsrecht I, § 24 II c; *Freitag*, Die Krankenversicherung 1976, S. 13.

[5] Zum Problem siehe *Freitag*, Die Krankenversicherung 1976, S. 13.

unberührt, als aus kirchenrechtlichen Vorschriften allein Unfallversicherungsschutz nicht zu begründen ist.

In keinem Falle können kirchenrechtliche Vorschriften den staatsrechtlichen Gesetzesbegriff prägen oder ändern, da dieser lediglich durch staatliche Regelungen konstituiert werden darf, mit der Folge, daß auch die dogmatischen Schwierigkeiten des Gesetzesbegriffs nur staatsrechtlich zu lösen sind. Kirchenrechtliche Vorstellungen oder Vorschriften allein vermögen gesetzlichen Unfallversicherungsschutz nicht zu begründen[6].

IV. Schutzbereich der Unfallversicherung

Das Recht der sozialen Unfallversicherung weist andererseits eine erhebliche Inkonsistenz auf, in dem es aus rechtlichen, aber auch politischen Gründen[7] an aktuellen Bedarfslagen orientiert wird, so daß auch die soziale Sicherheit des kirchlichen Amtswalters im System des staatlichen Unfallversicherungsrechtes keinen traditionellen Standort hat, sondern — wie auch die sich in unterschiedlichen Entscheidungen ausprägende ungefestigte Rechtsprechung zeigt — Ergebnis eines immer umfassenderen Sicherungsverständnisses ist.

Normativ findet dies seinen Ausdruck darin, daß in den Vorschriften, die den versicherten Personenkreis erfassen, insbesondere aber in § 539 RVO, eine eindeutige Zuordnung der versicherten Personen zum Versicherungsfall Schwierigkeiten bereitet, da die Versicherungsmerkmale nicht exakt gegeneinander abgegrenzt sind. Dies ist sicherlich nicht zuletzt darin begründet, daß der Gesetzgeber, die arbeitsrechtlichen Tätigkeitsfelder überschreitend, Versicherungsverhältnisse schafft, die arbeitsrechtliche Merkmale aufweisen, daneben aber auch von außerarbeitsrechtlichen Kriterien geprägt sind. Die Regelungsgehalte der einzelnen Vorschriften eröffnen daher die Gefahr teilweiser Deckungsgleichheit. Nachfolgend soll daher der sozialversicherungsrechtliche Normenbestand entfaltet werden, der in Betracht kommt, die Rechtsstellung kirchlicher Institutionen und ihrer Mitglieder in der Unfallversicherung festzuschreiben.

1. Regelungsinhalt und Regelungsintention des Schutzbereichskatalogs in § 539 RVO

Der Gesetzestext läßt es zu, folgende Vorschriften des § 539 RVO darauf zu überprüfen, ob sie einschlägige Schutznormen enthalten, die den für die Kirchen tätigen Personen Unfallversicherungsschutz gewähren:

[6] Insoweit problematisch ist die Begründung der Gleichstellung von evangelischen und katholischen Kirchenchormitgliedern durch *Wickenhagen*, SGb. 1976, S. 71.

[7] Vgl. *Wertenbruch*, Sozialverfassung — Sozialverwaltung, S. 136.

§ 539 Abs. 1 Nr. 1 RVO, der eine Betätigung im Rahmen eines Arbeits- oder Dienstverhältnisses verlangt;

§ 539 Abs. 1 Nr. 3 RVO, der u. a. Personen schützt, die zur Vorführung künstlerischer Leistungen vertraglich verpflichtet sind;

§ 539 Abs. 1 Nr. 13 RVO, der neben anderen auch solche Personen schützt, die für eine Körperschaft des öffentlichen Rechts ehrenamtlich tätig werden;

§ 539 Abs. 2 RVO, der alle diejenigen Personen gegen Arbeitsunfall versichert, die wie ein nach Abs. 1 des Gesetzes Versicherter tätig werden.

Um eine eindeutige Zuordnung kirchlicher Ämter zu den einschlägigen Unfallversicherungsvorschriften vornehmen zu können, ist zu klären, welchen Regelungsbereich der Unfallversicherung die einzelnen Normen abdecken, für den Fall der — teilweisen — Regelungsidentität der Vorschriften ist ihr Konkurrenzverhältnis zu bestimmen.

a) Bedeutung des § 539 Abs. 1 Nr. 1 RVO

§ 539 Abs. 1 Nr. 1 RVO will allen denjenigen Personen Unfallversicherungsschutz gewähren, die in einem arbeits- oder dienstrechtlichen Beschäftigungsverhältnis stehen. Das bedeutet unter der nunmehr geltenden Zielsetzung der Unfallversicherung, die generell eine Personenversicherung erstrebt[8], daß alle diejenigen geschützt sind, deren Beschäftigungsverhältnis durch eine Abhängigkeit vom Arbeit- oder Dienstgeber gekennzeichnet ist. Dies läßt sich sagen, ohne daß im einzelnen der typische sozialversicherungsrechtliche Gehalt der aus dem Zivil- und Arbeitsrecht entlehnten Termini angegeben wird. Übereinstimmend geht man zu Recht davon aus, daß bei aller Unschärfe in den Randbedingungen Arbeits- und Dienstverhältnisse durch die persönliche und wirtschaftliche Abhängigkeit des Arbeit- oder Dienstnehmers vom Arbeit- oder Dienstgeber geprägt sind[9].

Unfallversicherungsschutz nach § 539 Abs. 1 Nr. 1 RVO kommt also auch für kirchliche Dienstnehmer nur dann in Betracht, wenn sie sich durch ihre Beschäftigung in eine persönliche und wirtschaftliche Abhängigkeit begeben haben, wie dies etwa bei einem hauptberuflichen Sänger, Kantor, Küster usw. der Fall sein könnte. Für kirchliche arbeits- oder dienstrechtliche Beschäftigungsverhältnisse stellt sich hier das Problem des Grenzverlaufs zwischen kirchlicher und staatlicher sozialer Sicherung. Die Frage nämlich, inwieweit die soziale Sicherung

---

[8] *Brackmann*, Handbuch, S. 469; *Lauterbach*, Unfallversicherung, § 539 Anm. 1, S. 98, Anm. 5, S. 108 f.; in diesem Sinne wohl auch *Wannagat*, Lehrbuch, S. 36, wenn er von Personen spricht.

[9] Vgl. BSG, NJW 1958, S. 158; BSGE 10, 94 (95); *Brackmann*, Handbuch, S. 470 d; *Lauterbach*, Unfallversicherung, § 539 Anm. 5, S. 108/1.

bei kirchlicher Einstandspflicht im Wege staatlicher Sicherung, etwa mit Hilfe der Unfallversicherung, ergänzt werden darf.

Ohne diesen Fragen der Interdependenz oder Exklusion von staatlichem durch kirchliches Recht und umgekehrt weiter nachzugehen, die bei der Frage des Amtsbegriffs noch im einzelnen abzuhandeln sein werden[10], läßt sich sagen, daß — orientiert man sich exemplarisch an Entscheidungen der Sozialgerichtsbarkeit — kirchliche Bedienstete wie Meßdiener, Helfer zur Ausschmückung kirchlicher Feiern und Mitglieder eines katholischen Kirchenchores oder andere Angehörige einer Kirchengemeinde jedenfalls dann nicht in einem Rechtsverhältnis gemäß § 539 Abs. 1 Nr. 1 RVO stehen, wenn die Tätigkeit freiwillig und *unentgeltlich* ausgeübt wird.

An der persönlichen Abhängigkeit der genannten Personen würde es wohl nicht fehlen. Diese wird in § 539 Abs. 1 Nr. 1 RVO vor allem durch die Direktions- oder Weisungsabhängigkeit des Beschäftigten, die insbesondere eine inhaltliche Festlegung der Tätigkeit, sowie Art und Umfang, Ort und Zeit ihrer Vornahme umfaßt, gekennzeichnet[11]. Beschränkungen dieser Art unterliegen selbst Mitglieder eines katholischen Kirchenchores, wie in anderem Zusammenhang bei der Beschreibung des Kirchenamtes Sänger im einzelnen noch darzutun sein wird. Dem steht auch nicht entgegen, daß der Beitritt zu einem Kirchenchor auf einem freiwilligen Entschluß beruht. Auch die Arbeits- oder Dienstaufnahme ist unter der verfassungsrechtlichen Geltung der Privatautonomie, wie sie in Art. 2 Abs. 1 GG garantiert ist[12], Folge einer freien Entscheidung, mag auch die Motivation durch einen gewissen Zwang der Lebensverhältnisse bestimmt sein.

Es fehlt dagegen bei einer *unentgeltlichen* Tätigkeit an einer wirtschaftlichen Abhängigkeit. Die persönlichen Lebensbedürfnisse, die zur Aufnahme einer Betätigung motivieren, lassen sich aus der Sicht des Übernehmenden als ideelle und materielle charakterisieren. Persönliche Verpflichtungen und aus ihnen folgende Abhängigkeitsverhältnisse können aus der Befriedigung beider Bedürfnisse folgen. Wirtschaftliche Abhängigkeit wird hingegen nur bei der Befriedigung materieller Lebensbedürfnisse begründet. Hier begibt sich der Dienst- oder Arbeitnehmer aus freiem Entschluß in eine unselbständige und persönlichkeitsbeschränkende Stellung, die nach der Verkehrsanschauung als Dienst oder Arbeit angesehen wird[13]. Kausal gesteuert wird dieser Entschluß unter anderem durch den Zwang der Lebensverhältnisse,

---

[10] Siehe unten, S. 67 ff.

[11] *Brackmann*, Handbuch, S. 470 d f.; *Lauterbach*, Unfallversicherung, § 539 Anm. 5, S. 108/1.

[12] Vgl. BVerfGE 9, 3 (11); 12, 341 (347); BVerwGE 18, 254 (269).

[13] Siehe BSGE 10, 94 (96); 24, 29 (30); *Brackmann*, Handbuch, S. 470 c.

die die Übernahme einer Beschäftigung zur Sicherung der materiellen Versorgung unabdingbar machen.

Damit ist nicht gesagt, daß die materielle Sicherung *allein* kausal für die Dienst- oder Arbeitsaufnahme sei oder sein müsse. Vielmehr steht gerade bei der Berufswahl auch die ideelle Seite der Beschäftigung oft im Vordergrund. Dies wird ohne weiteres deutlich, wenn man, um bei den kirchlichen Ämtern zu bleiben, an die hauptberufliche Übernahme einer Sänger- oder Kantortätigkeit denkt. Gleichwohl aber ist der Gedanke einer beruflichen Versorgung mit materiellen Gütern eine wesentliche Bedingung in der multikausal gesteuerten Entscheidung zur Dienst- oder Arbeitsaufnahme. Dieser Zwang zur materiellen Versorgung führt damit notwendig zu der in § 539 Abs. 1 Nr. 1 RVO als Anknüpfungstatbestand der Unfallversicherung kodifizierten wirtschaftlichen Abhängigkeit.

Die unentgeltliche Übernahme kirchlicher Aufgaben, die ebenfalls multikausal gesteuert sein mag, ist dagegen gerade durch ihre Unentgeltlichkeit dahin gekennzeichnet, daß sie nicht zur Sicherung der materiellen Versorgung dienen soll und damit auch keine wirtschaftliche Abhängigkeit begründen kann. Nur bei hauptberuflich Tätigen kann man sagen, daß ihre Tätigkeit — unter anderem — eine Grundlage zur — materiellen — Sicherung ihres Lebensunterhalts darstellt.

Auch nach dem Selbstverständnis derjenigen, die *unentgeltlich* Kirchenämter übernehmen, bedeutet ihnen ihre Tätigkeit, sei es im Chor oder als Ministrant, die Wahrnehmung eines *Ehrenamtes,* was immer dies im einzelnen auch sein mag. Soweit die wirtschaftliche Abhängigkeit in Frage steht, ist für den Versicherungsschutz nach § 539 Abs. 1 Nr. 1 RVO die Art der einzelnen wahrgenommenen Aufgabe, ihre innerkirchliche Funktionsbeschreibung also, unerheblich, soweit sie nicht eine wirtschaftliche Abhängigkeit begründet. Auch insoweit ist also mit der neueren Rechtsprechung des Bundessozialgerichts kein Unterschied zwischen Chormitgliedern und Ministranten, aber auch anderen in der katholischen Kirche unentgeltlich Tätigen festzustellen.

Deshalb ist auch der unentgeltliche Gesang oder das Ministrieren als erstrebtes Produkt der Tätigkeit keine Leistung, die *wirtschaftlich* als Arbeit gewertet werden kann. Dies würde nämlich ausreichen, um ein arbeitsrechtliches Beschäftigungsverhältnis zu bejahen[14]. Zwar bedeutet „wirtschaftlich" nicht „erwerbswirtschaftlich", so daß der Zweck der Arbeit auch rein ideeller Art sein kann[15]. Wirtschaftlich meint in die-

---

[14] Vgl. *Brackmann,* Handbuch, S. 470 d; *Lauterbach,* Unfallversicherung, § 539 Anm. 6, S. 116/1.

[15] Vgl. BSGE 10, 94 (96); 16, 98 (100); *Brackmann,* Handbuch, S. 470 d und 470 u; *Lauterbach,* Unfallversicherung, § 539 Anm. 6, S. 116/1.

sem Zusammenhang aber, daß der Betätigung im Rechtsverkehr diese Bedeutung zukommt[16], ihr also sozusagen der Charakter einer Ware beigelegt wird, die im Rechtsleben einen gewissen materiellen Tauschwert hat.

Bei dieser Anknüpfung an der Rechtswirklichkeit für den Rechtscharakter der Leistung wird, anders als bei der den Lebensinhalt sichernden persönlichen und wirtschaftlichen Abhängigkeit des Arbeit- oder Dienstnehmers, der Zweck der „Arbeit" aus der Person des Dienstgebers bestimmt. Die Kausalität der Beschäftigungsaufnahme wird damit aus der Sphäre des Arbeitnehmers in diejenige des Arbeitgebers übertragen. Der Tätigkeit mag aus der Sicht oder für den Arbeitgeber lediglich ideelle Bedeutung zukommen, wenn sie nur zugleich im Rechtsverkehr als Wahrnehmung einer Aufgabe angesehen wird, die für den Wahrnehmungsverpflichteten Dienst oder Arbeit und damit auch wirtschaftliche Abhängigkeit bedeutet. Auch der Zweck der zweiseitigen Rechtsbeziehung kann also multifunktional sein, ohne daß die Betätigung ihres Charakters als persönlich und wirtschaftlich abhängigkeitsbegründend entkleidet würde.

Der unentgeltliche kirchliche Dienst unterscheidet sich wesentlich von einer entgeltlichen Tätigkeit im Kirchendienst. Eine hauptberufliche Amtsübernahme mag letztlich auch im Glauben ruhen, sie ist aber zugleich auch erwerbswirtschaftlich motiviert. Eine unentgeltliche Betätigung dagegen ist in ihrer Motivation allein vom Glauben geprägt. Das bei einer Vollbeschäftigung im kirchlichen Dienst sachlogisch gebotene Erwerbserfordernis bei voller Hingabe an den Beruf tritt als allgemeines Lebenssicherungserfordernis bei lediglich unentgeltlicher — nebenamtlicher — Tätigkeit zurück. Eine allein religiös und nicht wirtschaftlich motivierte, d. h. unentgeltliche Betätigung, bewirkt jedenfalls keinen Unfallversicherungsschutz nach § 539 Abs. 1 Nr. 1 RVO[17]. Versicherungsschutz nach dieser Vorschrift bleibt daher allein hauptamtlich Beschäftigten vorbehalten, deren hauptamtlicher Status im einzelnen noch festzustellen wäre.

b) Bedeutung des § 539 Abs. 1 Nr. 3 RVO

Greift man aus der Zahl kirchlicher Ämter und Dienste den musischen Bereich heraus, so läßt sich für den Unfallversicherungsschutz aus dem Katalog des § 539 Abs. 1 Nr. 3 RVO derjenige Personenkreis anführen, der zur Vorführung künstlerischer Leistungen verpflichtet ist.

Der Ausdruck „künstlerische Leistungen" in § 539 Abs. 1 Nr. 3 RVO wird weit ausgelegt[18], was ebenfalls unter dem Aspekt eines möglichst

[16] Wie Fußn. 15.

[17] Im Ergebnis ebenso BSGE 34, 163; *Brackmann*, Handbuch, S. 470.

weitreichenden Versicherungsschutzes zu sehen ist und wohl bedeuten soll, daß hier weitgehend das Selbstverständnis des Künstlers und seines sozialen Umfeldes Berücksichtigung findet, zumal es auf den „Kunstwert“ der Leistungen nicht ankommen soll[19]. Für unseren Zusammenhang entscheidend und hinreichend ist, daß Musikaufführungen zweifellos künstlerische Leistungen im Sinne des Gesetzes und die ausübenden Künstler dementsprechend unfallversichert sind, soweit ihre Verpflichtung zur Aufführung vertraglich begründet ist.

Sieht man den Katalog des § 539 Abs. 1 Nr. 3 RVO durch, so erhebt sich die Frage, ob der Gesetzgeber selbst an Kirchenmusiker gedacht hat, wenn er Personen schützt, die zur Schaustellung oder Vorführung künstlerischer oder artistischer Leistungen vertraglich verpflichtet sind. Die Ausdrücke Schaustellung, Vorführung und artistische Leistungen vermögen eigentlich nur dann in einem geistigen Zusammenhang mit künstlerisch vorgetragener Kirchenmusik zu stehen, wenn man die Kirchenmusik ihrer dienenden Funktion für die sakrale Handlung entkleidet und sie um der Musik selbst willen und damit säkular aufführt.

Nur im Sinne einer solchen „Säkularisierung“ der kirchlichen Musik läßt sie sich wohl in einen teleologischen Zusammenhang mit artistischen Leistungen bringen.

Wird die Kirchenmusik hingegen aufgeführt, um den religiösen Verkündigungsauftrag mit zu erfüllen, so ist eine künstlerische Darbietung nach katholischem Kirchenrecht allenfalls ein Mittel dazu, den feierlichen Charakter des Gottesdienstes mit zu prägen.

Das Zweite Vatikanische Konzil hat der Kirchenmusik, insofern sie im Zusammenhang mit der liturgischen Erneuerung steht, eine besondere Aufmerksamkeit zugewandt, ihre Aufgabe im Gottesdienst aufgezeigt und in der Konstitution über die Heilige Liturgie eine Reihe von musikrechtlichen Vorschriften erlassen[20]. Dabei stand insbesondere die dienende Funktion der Kirchenmusik im Vordergrund[21], als deren erstrebtes Ziel „Die Ehre Gottes und die Heiligung der Gläubigen“ ausgewiesen wurde[22]. Entsprechend wird „Kirchenmusik“ als diejenige Musik definiert, welche für den Gottesdienst geschaffen ist und welcher Heiligkeit und Güte der Formen eigen sind[23]. Ohne die umfangreichen

---

[18] *Brackmann*, Handbuch, S. 472 o; *Lauterbach*, Unfallversicherung, § 539 Anm. 19, S. 122.

[19] Wie Fußn. 18.

[20] Konstitution des Zweiten Vatikanischen Konzils über die Heilige Liturgie, AAS 56 (1964), S. 97 ff., zur Kirchenmusik insbesondere S. 128 ff.

[21] Wie Fußn. 20.

[22] Konstitution des Zweiten Vatikanischen Konzils über die Heilige Liturgie Art. 112, AAS 56 (1964), S. 128.

Bestimmungen über die Musik in der Liturgie wiederzugeben[24], sei zur Verdeutlichung aus den Allgemeinen Richtlinien die nachfolgende Stelle hervorgehoben[25]: „Ihre vornehmere Form nimmt eine liturgische Handlung an, wenn man sie singend vollzieht, die liturgischen Diener jeder Stufe ihr Dienstamt ausüben und das Volk sich an ihr beteiligt. In dieser Form wird nämlich das Beten inniger zum Ausdruck gebracht, das Mysterium der heiligen Liturgie und ihr hierarchisches und gemeinschaftliches Wesen besser verdeutlicht, durch den Einklang der Stimmen die Einheit der Herzen vertieft, durch den Glanz des heiligen Geschehens der Geist leichter zu Höherem erhoben, und die ganze Feier wird klarer zum Vorausbild der himmlischen Liturgie der heiligen Stadt Jerusalem."

Unter Leitung des „Rector ecclesiae" soll jede liturgische Feier in einträchtigem Zusammenwirken der für den Ritus, die seelsorgerischen und musikalischen Belange Verantwortlichen gründlich vorbereitet werden.

Die dienende Funktion der Musik, die auch in ihrer künstlerischen Form nur die heilige Liturgie verdeutlichen soll, wird nach dem kirchlichen Selbstverständnis — und nur dieses kann Bewertungsmaßstab für § 539 Abs. 1 Nr. 3 RVO sein — deutlich in den Vordergrund gestellt.

Hebt § 539 Abs. 1 Nr. 3 RVO als Erfordernis für den Versicherungsschutz auf die vertragliche Verpflichtung ab, so bedeutet dies ebenfalls, daß der Charakter der wahrzunehmenden Aufgabe für kirchliche Diener nach Kirchenrecht zu bestimmen ist. Das Amtsrecht der Kirche schreibt den Inhalt künftiger vertraglicher Vereinbarungen vor, durch die ein kirchlicher Musiker in sein Amt berufen werden soll.

Die Verpflichtung der Musiker ist kirchenrechtlich dahin festgelegt, das eigentliche Ziel der Kirchenmusik zu erreichen: „Die Ehre Gottes und die Heiligung der Gläubigen[26]." Vorausgesetzt ist dabei zugleich, daß die Musiker und die Gläubigen die liturgischen Richtlinien bereitwillig annehmen und ausführen und einträchtig zusammenwirken, dieses Ziel zu verwirklichen. Jede vertragliche Regelung zwischen Kirche und kirchlichem Musiker wird durch diese normative Funktionsbeschreibung prädestiniert. Daraus folgt, daß das Amtsrecht ebenso wie die kirchenmusikalischen Vorschriften über den Gehalt der Musik die

[23] Vgl. Pius X., Motu proprio Tra le sollecitudini vom 22. 11. 1903 Nr. 2: AAS 36 (1903 - 1904), S. 332; Instruktion der Ritenkongregation über die Musik in der Liturgie vom 5. März 1967, AAS 59 (1967), S. 300 - 320.

[24] Vgl. Anhang, S. 118 f.

[25] Konstitution des Zweiten Vatikanischen Konzils über die Heilige Liturgie, Art. 112, AAS 56 (1964), S. 128.

[26] So Konstitution des Zweiten Vatikanischen Konzils über die Heilige Liturgie, Art. 112, AAS 56 (1964), S. 128.

Kirchenmusik als Mittel zum innigen und feierlichen Vollzug einer liturgischen Handlung ansieht.

Eine künstlerische Leistung, die *allein* gesetzlicher Anknüpfungspunkt in § 539 Abs. 1 Nr. 1 RVO ist, steht also bei der musikalischen Tätigkeit in der Kirche — mithin auch bei der im Anhang abgedruckten Kirchenchorentscheidung des BSG — offensichtlich nicht im Vordergrund. Vielmehr dient die Musik religiösen Zwecken und ist als fester Bestandteil der Liturgie dazu bestimmt, die Feier des Gottesdienstes mit zu tragen. Die sie ausführenden Personen sind daher nicht nach § 539 Abs. 1 Nr. 3 RVO versichert[27].

Versicherungsschutz ist ferner nicht über § 539 Abs. 2 i.V.m. Abs. 1 Nr. 3 RVO zu erlangen. So verweigert die Rechtsprechung Unfallversicherungsschutz vor allem dann, wenn die künstlerische Leistung innerhalb eines Musik- oder Gesangvereins erbracht wird[28]. Dieser Gesichtspunkt greift aber für die Kirchenchormitglieder nicht durch. Wie unten[29] bei den Erörterungen zu § 539 Abs. 2 RVO des näheren ausgeführt wird, werden kirchliche Chormitglieder nicht aus mitgliedschaftlicher Verpflichtung, sondern in Wahrnehmung eines ihnen übertragenen Kirchenamtes tätig. Daß der Chor zugleich auch eine Sängergemeinschaft ist, vermag den Versicherungsschutz aus § 539 Abs. 2 i.V.m. § 539 Abs. 1 Nr. 3 RVO daher nicht zu inhibieren. Wenn gleichwohl Versicherungsschutz über § 539 Abs. 1 Nr. 3 i.V.m. Abs. 2 RVO nicht zu erlangen ist, so liegt dies allein daran, daß durch Kirchenchorgesang keine „künstlerischen oder artistischen Leistungen" im Sinne dieser Vorschrift erbracht werden.

Auch soweit Musiker nur gelegentlich kirchenmusikalische Aufgaben übernehmen, versicherungsrechtsdogmatisch also zu den ohne Beschäftigungsverhältnis kurzfristig oder gelegentlich eingreifenden Personen zu zählen sind[30], können sie Versicherungsschutz nach § 539 Abs. 2 RVO nicht erlangen. Zwar ist es für § 539 Abs. 2 RVO nicht erforderlich, daß ein förmlicher (Arbeits-)Vertrag abgeschlossen ist oder wirtschaftliche Erwägungen bestimmend sind, soweit die Leistung nur dem ausdrücklichen oder mutmaßlichen Willen des Begünstigten entspricht und üblicherweise sonst im Rahmen eines versicherten Beschäftigungsverhältnisses ausgeübt wird, also ihrer Art nach einer Verrichtung im Rahmen eines solchen Beschäftigungsverhältnisses zugänglich ist[31]. Das

---

[27] Ebenso BSGE 34, 163 (164); BSG, SGb. 1976, S. 66 (67).

[28] BSGE 34, 163 (164, 168) und *Lauterbach,* Unfallversicherung, § 539 Anm. 19, S. 123.

[29] S. 29 ff.

[30] Vgl. *Lauterbach,* Unfallversicherung, § 539 Anm. 100 b; zum Umfang des Versicherungsschutzes nach Abs. 2 vgl. auch *Ortlepp,* Handbuch zum Sozialrecht, Gruppe 4, S. 17 f.

[31] Siehe *Lauterbach,* Unfallversicherung, § 539 Anm. 101 m.w.N.

alles berührt nur den in § 539 Abs. 1 Nr. 3 RVO — auch — angesprochenen vertraglichen Rechtsgrund der Tätigkeit. Hingegen bleibt die Tätigkeitsbeschreibung für § 539 Abs. 2 die gleiche wie in Abs. 1 Nr. 3 RVO. Der Maßstab für den Rechtscharakter der Tätigkeit ist allein § 539 Abs. 1 Nr. 3 RVO zu entnehmen. Da dieser aber als künstlerische Leistung gekennzeichnet ist, fällt die nur gelegentliche oder vorübergehende Wahrnehmung eines musikalischen Kirchenamtes, das als liturgischer Dienst beschrieben ist, nicht unter den Schutz des § 539 Abs. 2 i.V.m. Abs. 1 Nr. 3 RVO.

c) *Bedeutung des § 539 Abs. 2 RVO*

§ 539 Abs. 2 RVO legt sich selbst gegenüber den Vorschriften des Abs. 1 lediglich subsidiäre Anwendbarkeit bei. Diese Vorschrift knüpft für den Versicherungsschutz ebenfalls am Arbeitsunfall an und will verhindern, daß Regelungslücken entstehen, die Versicherungsschutz verhindern, obwohl an sich ein Sicherungsbedürfnis schon aus Gründen der Gleichheit oder der Gesetzesteleologie zu bejahen wäre.

Der Gesetzgeber selbst erweitert durch seine Subsidiaritätsklausel den Unfallversicherungsschutz erheblich; denn für den Rechtsschutz nach § 539 Abs. 2 RVO ist es gerade nicht erforderlich, daß die Beschäftigungsvoraussetzungen des Abs. 1 vorliegen. Da der Gesetzgeber in Abs. 2 des § 539 RVO weder das Vorliegen arbeits- oder dienstlicher Rechtsverhältnisse, noch schutzwürdiger Unternehmertätigkeiten oder Betätigungen im öffentlichen Interesse beziehungsweise Ausbildungs-, Selbsthilfe- oder Entwicklungshilfeverhältnisse verlangt, erweitert er die Bandbreite des Unfallversicherungsschutzes auf solche Personen, die nicht kraft des jeweils typischen Rechtsverhältnisses, sondern nur gelegentlich oder vorübergehend versicherungsähnliche Beschäftigungsverhältnisse eingehen. Angesichts dieser globalen Eröffnung des Unfallversicherungsschutzes kann man § 539 Abs. 2 RVO geradezu als Ermächtigungsnorm an den Rechtsanwender ansehen[32], ähnliche, d. h. teleologisch konsistente Versicherungsfälle zu entwickeln, die dem Rechtsschutz der Unfallversicherung ebenfalls unterfallen sollen.

Eine solche Erweiterung des Unfallversicherungsschutzes, die nicht nur den gesetzlichen Katalog weit über das Arbeits- oder Dienstrecht ausdehnt, sondern alle ähnlichen Betätigungen, ohne daß entsprechende Rechtsverhältnisse vorliegen, dem Versicherungsschutz unterstellt, ist natürlich auch für kirchliche Laiendienste von großer Bedeutung. Dies zeigt auch ein Blick auf die Rechtsprechung, die nach § 539 Abs. 2 RVO

[32] Zu den auslegungsproblematischen Vorschriften über soziale Rechtspositionen im allgemeinen Teil Sozialgesetzbuch siehe *Freitag*, Die Krankenversicherung 1976, S. 11 ff. m.w.N.

Unfallversicherungsschutz gewährt, wenn Angehörige einer Kirchengemeinde freiwillig und unentgeltlich Arbeiten für diese verrichten[33]. Von dem Verhältnis des § 539 Abs. 2 zu § 539 Abs. 1 Nr. 13 RVO wird im folgenden zu handeln sein.

Andererseits ist eine solch weite Delegationsnorm, der keine verfassungsrechtlichen Bedenken begegnen, weil sie dem Bestimmtheitserfordernis dadurch genügt, daß sie auf die versicherungsrechtlichen Kriterien des Abs. 1 der Vorschrift verweist[34], auch erforderlich, wenn man weitgehend Unfallversicherungsschutz bewirken will, weil insbesondere nach der neuen Rechtslage des § 31 SGB-AT auch Sozialleistungen dem Vorbehalt des Gesetzes unterliegen. Dem Rechtsanwender ist durch die Bindung an die gesetzliche Vorentscheidung die Entwicklung ganzer Leistungssysteme auch in der Unfallversicherung untersagt[35], wie sie immer wieder unter Berufung auf das Sozialstaatsprinzip zu begründen versucht worden sind[36]. Nunmehr hat der einfache Gesetzgeber das gesamte Sozialleistungssystem und damit auch die gesetzliche Unfallversicherung kraft positiven Rechtes der gesetzgeberischen Entscheidung vorbehalten[37].

Diese starre Bindung wird gleichwohl durch § 539 Abs. 2 RVO wieder gelockert und das System der gesetzlichen Unfallversicherung damit durchlässiger und entwicklungsoffener gehalten, ein Umstand, den es gerade bei dem Versicherungsschutz kirchlicher Laiendienste zu beachten gilt.

Eine Zuordnung kirchlicher Beschäftigung zu § 539 Abs. 2 RVO erscheint dabei anhand der gefestigten Dogmatik und Rechtsprechung des Bundessozialgerichts unschwer möglich. Es reicht aus, daß die versicherten Personen gelegentlich und kurzfristig tätig werden[38], wenn sie nur ernstlich, etwa im Sinne des § 539 Abs. 1 Nr. 1 RVO eine wirtschaftlich als Arbeit zu kennzeichnende Beschäftigung ausüben[39], bei der die

---

[33] BSGE 15, 292.

[34] *Lauterbach*, Unfallversicherung, § 539 Anm. 101, S. 160.

[35] *Freitag*, Die Krankenversicherung 1976, S. 13; *Wertenbruch*, Sozialverfassung — Sozialverwaltung, S. 77 f.

[36] Zum Problem des Gesetzesbegriffs *Erichsen*, Staatsrecht und Verfassungsgerichtsbarkeit II, S. 95 ff.; *Hansen*, Fachliche Weisung, S. 245; *Jesch*, Gesetz und Verwaltung, S. 12 ff.; *Rupp*, Grundfragen, S. 27 f.; *Thoma*, Grundbegriffe und Grundsätze, in: Handbuch des Deutschen Staatsrechts, S. 108 ff.; *Wolff*, in: Wolff / Bachof, Verwaltungsrecht I, § 24 II c; *Freitag*, BKK 1970, 221 ff.; *ders.*, Die Krankenversicherung 1976, S. 13.

[37] Siehe § 31 SGB-AT.

[38] Vgl. Bayer. Landesversicherungsamt in Breith. 41 (1952), S. 660; *Brackmann*, Handbuch, S. 476 b I f.; *Lauterbach*, Unfallversicherung, § 539 Anm. 101 c, S. 161; *Miesbach / Baumer*, § 539 Rdnr. 38 b, S. 56.

[39] Vgl. *Brackmann*, Handbuch, S. 476 und 476 f.; *Miesbach / Baumer*, § 539 Rdnr. 38 b, S. 56.

persönliche und wirtschaftliche Abhängigkeit nicht vorausgesetzt wird[40] und auch die Beweggründe unerheblich sind[41]. Selbst auftraglose Hilfe reicht aus, da nur dem mutmaßlichen Willen des „Unternehmers" entsprochen zu werden braucht. Unabdingbar ist allerdings, daß der Zusammenhang zwischen Betätigung und versichertem Betätigungsfeld ursächlich begründet wird, was man allgemein durch die Formel ausdrückt, daß die gelegentlich übernommene Tätigkeit üblicherweise im Rahmen eines Beschäftigungsverhältnisses durch einen anderen Arbeitnehmer ausgeführt würde[42]. Der Anschaulichkeit halber sollen hierzu einige Beispiele aus der Rechtsprechung genannt sein. So sind etwa Botengänge und Brotaustragen von Kindern während der Ernte ebenso als Versicherungsfälle angesehen worden wie das unentgeltliche Zureiten eines Pferdes aus Gefälligkeit[43].

Dies bedeutet für den Unfallversicherungsschutz kirchlicher Laiendienste, die für Versicherungsschutz nach § 539 Abs. 2 RVO allein in Betracht kommen, daß über § 539 Abs. 2 RVO wieder § 539 Abs. 1 Nr. 1 RVO Bezugspunkt des Versicherungsschutzes wäre, wenn ein Kirchendiener wie ein nach dieser Vorschrift Versicherter tätig würde. Das heißt, Versicherungsschutz greift ein, falls die Kirchen, ohne auf freiwillige Kräfte zurückgreifen zu können, bezahlte Kräfte hätten beschäftigen müssen[44].

Bei solchen kirchlichen Diensten, bei denen eine entgeltliche Beschäftigung wegen der Art der Aufgabe aus kirchenrechtlichen Gründen von vornherein ausscheidet, wie etwa bei Meßdienern, ist Versicherungsschutz über § 539 Abs. 2 i.V.m. Abs. 1 RVO nicht zu erreichen. Anders könnte es dagegen bei Mitgliedern von Kirchenchören sein, nämlich dann, wenn mangels freiwilliger und unentgeltlicher Sänger auf hauptberufliche Sänger zurückgegriffen werden müßte. Auch für die Interpretation des § 539 Abs. 2 RVO ist also die Qualifizierung kirchlicher Dienste durch die Kirche von entscheidungserheblicher Bedeutung für die Gewährung von Unfallversicherungsschutz.

Das BSG geht im Ergebnis zu Recht davon aus, daß in dem von ihm zu entscheidenden Fall das unentgeltlich tätige Chormitglied Versiche-

---

[40] BSGE 6, 168 (173 f.); 16, 73 (75); 19, 117 (118); BGH, VersR 1959, S. 109; *Brackmann*, Handbuch, S. 476 und 476 d ff.; *Lauterbach*, Unfallversicherung, § 539 Anm. 101 b, S. 161; *Miesbach / Baumer*, § 539 Rdnr. 38 b, S. 56.

[41] BSGE 5, 168; 16, 73 (75); 17, 211 (216); 19, 117 (118); *Brackmann*, Handbuch, S. 476 a und c; *Lauterbach*, Unfallversicherung, § 539 Anm. 102, S. 162; *Miesbach / Baumer*, § 539 Rdnr. 38 b, S. 56.

[42] BSGE 5, 168 (174); 15, 292 (294); 18, 143 (145); 31, 275 (277); *Brackmann*, Handbuch, S. 476 b; *Lauterbach*, Unfallversicherung, § 539 Anm. 101 d, S. 161; *Miesbach / Baumer*, § 539 Rdnr. 38 b cc, S. 56.

[43] Vgl. auch BSGE 16, 73 (75); 17, 211 (216); 18, 143 (144) und *Miesbach / Baumer*, § 539 Rdnr. 38 d, S. 57.

[44] BSGE 34, 163 (164).

rungsschutz auch nach § 539 Abs. 2 RVO i. V. m. § 539 Abs. 1 Nr. 1 RVO nicht erhalten kann[45]. Der Begründung, daß dies bereits deswegen so sei, weil ein Mitglied im Kirchenchor aufgrund seiner Mitgliedschaftspflichten dem Chor gegenüber tätig werde, kann allerdings nicht zugestimmt werden.

Eine Anwendung des § 539 Abs. 2 RVO setzt jeweils voraus, daß eine den Vorschriften des Abs. 1 ähnliche Tätigkeit vorliegt. Der Maßstab für den Versicherungsschutz ist also dem Abs. 1 der Vorschrift zu entnehmen. Dann aber kommt es darauf an, auf welche Vorschrift des Kataloges man zurückgreift, da diese in ihrem Rechtscharakter, wie festgestellt, sehr unterschiedlich sind. Bindet man den Versicherungsschutz an § 539 Abs. 1 Nr. 1 RVO an, so heißt dies, daß an sich für den gleichen Zweck ein Arbeits-, Dienst- oder Lehrverhältnis begründet werden müßte, von dessen Abschluß hier aus besonderen Gründen abgesehen wird. Das aber würde bedeuten, daß man die Betätigung im Rechtsverkehr als Arbeit anzusehen hätte. Dies aber wäre nur dann der Fall, wenn anstelle der ehrenamtlichen Chormitglieder — um wiederum an den gerichtlich entschiedenen Gegenstandsbereich anzuknüpfen — hauptberufliche Sänger den Gesang im Gottesdienst tragen würden, d. h., wenn die Kirche für den Fall des Nichtzurverfügungstehens freiwilliger Kräfte auf hauptamtliche Sänger zurückgreifen müßte. So formuliert übrigens das Bundessozialgericht selbst für Chormitglieder den Versicherungsfall des § 539 Abs. 2 i.V.m. Abs. 1 Nr. 1 RVO[46]. Daraus folgt, daß auch im Falle des § 539 Abs. 2 RVO an der Person des hauptamtlichen Sängers angeknüpft werden muß.

Ein hauptamtlicher Sänger aber würde nicht nur, wie dies oben[47] für den Sänger schlechthin klargestellt wurde, in Wahrnehmung eines eigenen kirchlichen Amtes handeln, sondern darüber hinaus seine dienst- oder arbeitsrechtlichen Verpflichtungen gegenüber der Kirche als seinem Arbeit- oder Dienstgeber wahrnehmen. Dieser privatrechtlich begründeten Pflicht könnte er sich auch dann nicht entziehen, wenn möglicherweise alle anderen Chormitglieder ebenfalls die Wahrnehmung ihrer dienstlichen Aufgaben als nicht geboten ansehen würden.

Dies bedeutet, daß die Sangesverpflichtung des hauptberuflichen Sängers allein Ausfluß seiner privatrechtlichen Vertragserfüllung ist. Da der Sängerchor eine Einrichtung der Kirche ist, werden durch den Chor als Personenvereinigung Rechte und Pflichten nicht begründet. Die Pflicht zum Gesang kann also ebenfalls nicht in der Chormitgliedschaft begründet sein. Der hauptamtliche Sänger wäre also zweifellos

---

[45] BSGE 34, 163 (164).

[46] Siehe BSGE 34, 163 (164).

[47] S. 20 f.

nicht dem Chor als Vereinigung gegenüber zum Gesang verpflichtet, sondern der Kirche (Pfarrgemeinde) aufgrund des Arbeits- oder Dienstverhältnisses. Hält man aber mit dem Bundessozialgericht für die Auslegung des § 539 Abs. 2 RVO an der Fiktion des hauptamtlichen Sängers in § 539 Abs. 1 Nr. 1 RVO fest, so ist unter Berücksichtigung dieser Voraussetzungen schon ein Vergleich der Kirchenchorsänger mit jeder sonstigen privaten Sängervereinigung nicht möglich. Wird der ehrenamtliche Sänger also für einen ansonsten zu bestellenden hauptamtlichen Sänger tätig, so müßte ihm auf der Grundlage der Rechtsprechung des Bundessozialgerichts auch Unfallversicherungsschutz nach § 539 Abs. 2 RVO zuteil werden.

Dennoch stehen diesem Ergebnis kirchenrechtliche und unfallversicherungsrechtliche Gründe entgegen. Versicherungsschutz kann nämlich für freiwillige und unentgeltlich tätige kirchliche Amtswalter über § 539 Abs. 2 RVO dann nicht begründet werden, wenn sie bereits nach spezielleren und damit vorrangigen Normen des § 539 RVO versichert sind. Zur Illustration mag auch hier auf das durch die Rechtsprechung entschiedene Beispiel der Kirchenchorsänger verwiesen werden.

Kirchenrechtlich ist der Sängerchor, wie dargelegt wurde[48], Teil des liturgischen Dienstes. Er wird seiner Zielsetzung nach gerade nicht von hauptamtlich Beschäftigten, sondern von der versammelten Gemeinde getragen. Die Instruktion der Heiligen Ritenkongregation über die Musik in der Liturgie vom 5. März 1967[49], die sich eingehend zur Funktion des Sängerchores, der zu einer Hebung der Feierlichkeit führen soll, verhält, beschreibt in Teil II Nr. 23 a, was der Sängerchor neben dem kirchlichen Dienst *auch* ist, nämlich ein mit einer besonderen Aufgabe betrauter Teil der versammelten Gemeinde der Gläubigen. Es soll also die den Gottesdienst tragende Gemeinschaft der Gläubigen in dem Sängerchor ein besonderes Organ ausbilden, um die Feierlichkeit des Gottesdienstes sicherzustellen. Dazu aber soll, wie es auch bei den weiteren kirchlichen Hilfsämtern der Tradition der katholischen Kirche entspricht, die Glaubensgemeinschaft selbst durch Laienorgane den Gottesdienst mit tragen.

Seiner ganzen Zielsetzung nach wäre der Laienchor der Gemeinde also nicht durch einen hauptamtlichen Chor im Sinne bloßer musikalischer Darbietung zu ersetzen. Der Laiendienst ist zugleich Dienst an der Gemeinde in der Gemeinde.

Es ist also nicht so, daß sich die Gesangdarbietung des Laienchores als eine lediglich künstlerisch musikalische Darbietung jederzeit durch einen anderen Laien- oder Berufschor ersetzen ließe. Wesentlich ist

---

[48] Siehe oben, S. 24 ff.

[49] AAS 59 (1967), S. 300 ff.

neben der dem Gesang eigenen künstlerischen Entfaltung auch die geistlich-religiöse Motivation, die den Kirchenchor von anderen Laienchören wesentlich unterscheidet. Kirchlicher Chorgesang ist also nicht nur „irgendeine" mehr oder weniger künstlerische Gesangsleistung, sondern gläubiger Vollzug des kirchlichen Auftrages, wie er nach den Regeln des Kirchenrechts für den Gottesdienst vorgeschrieben ist.

Da der Kirchenchor durch einen Chor hauptberuflicher Sänger nicht zu ersetzen ist und mithin beim Fehlen freiwilliger Kräfte zumindest nicht generell auf hauptamtliche Chorsänger zurückgegriffen würde, werden die ehrenamtlichen Mitglieder in katholischen Kirchenchören auch nicht wie ein nach § 539 Abs. 1 Nr. 1 RVO Beschäftigter tätig. Unfallversicherungsschutz gemäß § 539 Abs. 2 i.V.m. Abs. 1 Nr. 1 kann daher nicht eingreifen, soweit der ehrenamtliche Chorsänger nach kirchenrechtlichen Vorschriften nicht die Funktion eines auch hauptamtlich zu bestellenden Sängers ausübt.

Durch dieses Ergebnis entsteht aber auch keine Regelungslücke, die den vom Gesetzgeber an sich intendierten umfassenden Unfallversicherungsschutz verhindern würde.

Die Gesetzessystematik des Unfallversicherungsrechts läßt folgende Unterscheidung der im Dienste der Kirche stehenden Personen zu, die mit der Rechtsprechung des Bundessozialgerichts auch Chorsänger und Ministranten erfaßt: *Haupt- und ehrenamtlich Beschäftigte* sowie *entgeltlich und unentgeltlich Tätige*. Dabei kann die entgeltliche Beschäftigung zugleich hauptamtlich und die unentgeltliche zugleich ehrenamtlich sein. Dies ist aber nur dann der Fall, wenn die unentgeltliche oder entgeltliche Beschäftigung zugleich die Innehabung eines Kirchen*amtes* bedeutet. Ist sie dies nicht, so liegt zwar ein Kirchenamt nicht vor, die Betätigung selbst aber ist freiwilliger oder aus vertraglicher Verpflichtung begründeter Dienst an der Kirche. Gesetzessystematisch stellt sich die Rechtslage anhand des § 539 RVO dann so dar, daß entweder Unfallversicherungsschutz nach § 539 Abs. 1 Nr. 1 RVO oder nach § 539 Abs. 2 i.V.m. Abs. 1 Nr. 1 RVO begründet ist bzw. Versicherungsschutz gem. § 539 Abs. 1 Nr. 13 RVO oder § 539 Abs. 2 i.V.m. Abs. 1 Nr. 13 RVO eintritt.

Dies bedarf der Erläuterung. Liegt eine *unentgeltliche* Sangestätigkeit vor, so ist die Wahrnehmung der Aufgabe entweder vertraglich oder durch Ernennung begründet worden. Soweit diese Tätigkeit nach Kirchenrecht *hauptberuflich* oder *hauptamtlich* ausgeübt wird und Versicherungsfreiheit — etwa gemäß § 541 RVO — nicht besteht, ist der Sänger gemäß § 539 Abs. 1 Nr. 1 RVO gegen Unfallfolgen geschützt, da seine Tätigkeit im Rechtsverkehr insoweit als Arbeit angesehen wird. Ist er dagegen *ehrenamtlich*, z. B. als Mitglied im Kirchenchor, tätig, so tritt Versicherungsschutz nach § 539 Abs. 1 Nr. 13 RVO ein. Hat er dagegen bei der Wahrnehmung seiner Aufgabe nach Kirchenrecht ein Amt nicht inne, übt er die Tätigkeit aber unentgeltlich aus, so wird er gem. § 539 Abs. 2 i.V.m. § 539 Abs. 1 Nr. 13 RVO wie ein nach § 539 Abs. 1 Nr. 13 RVO Versicherter tätig. Denn die einzige Möglichkeit einer entsprechenden Anwendung des § 539 Abs. 1 Nr. 13 RVO, die Abs. 2 der Vorschrift ebenfalls nicht ausschließt, läßt sich nur dann bejahen, wenn die Aufgabe um der Ehre willen ausgeübt wird, zugleich aber kein Amt im Sinne des Kirchenrechts darstellt. Diejenigen, die unentgeltlich, also um der Ehre willen, kirchliche Dienste übernehmen, ohne damit ein Amt auszuüben, sind daher gem. § 539 Abs. 2 i.V.m. Abs. 1 Nr. 13 RVO unfallversichert. Wäre dagegen der Laiensänger jederzeit und im Bedarfsfalle nach Kirchenrecht unabdingbar durch einen hauptberuflichen Sänger zu ersetzen, so griffe Unfallversicherungsschutz auch nach § 539 Abs. 2 i.V.m. Abs. 1 Nr. 1 RVO ein. Eine Regelungslücke für Sänger bestünde also nicht.

Für Sänger in der katholischen Kirche besteht ein Bedürfnis für subsidiären Unfallversicherungsschutz gem. § 539 Abs. 2 RVO allerdings bereits aus kirchen-, amts- und organisationsrechtlichen Gründen nicht. Da Sänger wie auch die anderen Kirchenmusiker ein Kirchenamt innehaben, sind sie als hauptamtlich Tätige nach § 539 Abs. 1 Nr. 1 RVO und als ehrenamtlich Tätige nach § 539 Abs. 1 Nr. 13 RVO versichert, wie im einzelnen noch zu zeigen sein wird.

Zu einem anderen, dogmatisch allerdings zutreffenden Ergebnis kommt die sozialrechtliche Rechtsprechung in der im Anhang genannten und im Leitsatz abgedruckten Entscheidung über den Versicherungsschutz eines Kirchenangehörigen, der in der Mannschaft des katholischen Pfarrgemeinderats Fußball gespielt hat. Der Kern des Sachverhalts sei hier im erforderlichen Umfang kurz skizziert. Das Fußballspiel fand im Rahmen eines Gemeindenachmittages statt. Der aus der Veranstaltung erzielte Erlös war für die Kirchenerneuerung bebestimmt. Da der Pfarrgemeinderat allein eine Mannschaft nicht stellen konnte, wurde der Kläger gebeten, mitzuspielen. Während des Spiels zog er sich einen Schenkelhalsbruch zu und begehrte deshalb Unfallversicherungsschutz.

Die Rechtsfrage geht dahin, ob der Betroffene *für* ein Pfarrgemeinderatsmitglied tätig geworden ist und deshalb nach § 539 Abs. 2 RVO versichert ist, da er selber weder in einem Beschäftigungsverhältnis nach § 539 Abs. 1 Nr. 1 RVO steht noch ein Ehrenamt im Sinne des § 539 Abs. 1 Nr. 13 RVO innehat. Versicherungsschutz kann daher nur dann eintreten, wenn das Gemeindemitglied für den Pfarrgemeinderat eine Aufgabe übernommen hat, die noch zu dessen ehrenamtlicher Tätigkeit zu rechnen ist. Mit der Rechtsprechung ist davon auszugehen, daß die Teilnahme an der Sportveranstaltung für Gemeinderatsmitglieder zwar noch ehrenamtliche Tätigkeit sein kann, wegen der besonderen Sachverhaltsgestaltung das Kirchenmitglied gleichwohl aber nicht unfallversichert war.

Der Kläger selbst war nicht Mitglied des Pfarrgemeinderats, hat also ein Kirchenamt nicht wahrgenommen. Die gelegentliche, eher zufällig zu nennende, jedenfalls nicht auf Dauer angelegte Tätigkeit im Rahmen eines Fußballspiels erfüllt nicht die unten im einzelnen dargelegten Kriterien des kirchlichen Amtsbegriffs. Selbst wenn aber das Fußballspielen für das Gemeinderatsmitglied ehrenamtliche Tätigkeit wäre, so wird dem Gemeindemitglied, das in der Mannschaft des Gemeinderats mitspielt, nicht ohne weiteres Unfallversicherungsschutz vermittelt. Das Bundessozialgericht hat zutreffend festgestellt, daß das Gemeindemitglied, nicht *für ein Gemeinderatsmitglied,* sondern nur *als Gemeindeangehöriger* tätig geworden ist. Der Gemeinderat selbst war nämlich personell nicht stark genug besetzt, um eine Fußballmannschaft stellen zu können. Die weiteren mitspielenden Gemeindeangehörigen haben auf seiten des Gemeinderates die Spieler also nicht ersetzt, sondern ergänzt. Sie sind daher von vornherein für sich selbst tätig geworden, so daß das Spielen und mithin auch die dabei geschehene Verletzung in ihren persönlichen Lebensbereich fällt.

Dieser Sachverhalt macht noch einmal sehr deutlich, daß in jedem Einzelfall darauf zu achten ist, wie die fragliche Tätigkeit vermittelt wird. Nur wenn sie einem Beschäftigungsverhältnis oder einem Ehrenamt zurechenbar ist, kann über § 539 Abs. 2 RVO Unfallversicherungsschutz eintreten.

Die Bedeutung des § 539 RVO für kirchliche Dienste kann daher ganz allgemein dahin zusammengefaßt werden, daß es *nur aus gesetzessystematischen Gründen,* die allerdings keineswegs gering zu veranschlagen sind, darauf ankommt, *ob ein kirchliches Haupt- oder Ehrenamt wahrgenommen wird oder bloße vertragliche oder freiwillige Übernahme einer Verpflichtung vorliegt.* Sind die übernommenen Aufgaben nach kirchlichem Verständnis auf jeden Fall durchzuführen und entweder als Amt oder Arbeit im Rechtssinne der Unfallversicherung zu qualifizieren, so tritt unmittelbar oder mittelbar (über Abs. 2) Unfallversicherungsschutz nach § 539 Abs. 1 Nr. 1 oder Nr. 13 RVO ein.

d) Theoretische und dogmatische Standortbestimmung des § 539 Abs. 1 Nr. 13 RVO

Als sachnächste Spezialregelung für den Unfallversicherungsschutz *nicht* hauptberuflich tätiger kirchlicher Amtsinhaber kommt § 539 Abs. 1

Nr. 13 RVO in Betracht. Diese Vorschrift versichert gegen Arbeitsunfall die für den Bund, ein Land, eine Gemeinde, einen Gemeindeverband oder eine andere Körperschaft, Anstalt oder Stiftung des öffentlichen Rechts ehrenamtlich Tätigen, wenn ihnen nicht durch Gesetz eine laufende Entschädigung zur Sicherstellung ihres Lebensunterhalts gewährt wird, ebenso wie die von einem Gericht, einem Staatsanwalt oder einer sonst dazu berechtigten Stelle zur Beweiserhebung herangezogenen Zeugen. Für kirchliche Dienste wirft dies die Frage auf, ob die Kirche als Körperschaft des öffentlichen Rechts Personen mit Aufgaben betraut, die diese in ehrenamtlicher Tätigkeit wahrnehmen.

Steckt man zunächst den versicherungsrechtlichen Rahmen ab, den die Vorschrift vorgibt, so führt dies zu einer Untersuchung darüber, wann ein rechtserheblicher Lebenssachverhalt einen Versicherungsfall darstellt, der als Arbeitsunfall im Sinne des § 539 RVO angesehen werden kann. Bei dieser Überprüfung steht die Kausalitätsfrage im Vordergrund, die im Recht der Unfallversicherung ganz allgemein dahin formuliert wird, daß ein ursächlicher Zusammenhang zwischen der unfallbringenden Tätigkeit und dem Unfallereignis, aber auch zwischen Unfallereignis und Gesundheitsschädigung bestehen muß. Ohne diesen Elementarproblemen der Unfallversicherung nachgehen zu wollen oder an dieser Stelle nachgehen zu können[50], ist auch die Rechtslage der ehrenamtlich Tätigen durch die versicherungsrechtlichen Abgrenzungsschwierigkeiten zwischen eigenwirtschaftlich oder betrieblich bewirkten Unfallschäden geprägt. Während ganz allgemein die Tendenz besteht, private und betriebliche Tätigkeiten, auch wo sie bei manchen Lebenssachverhalten in Konkurrenz zueinander treten oder einander überlagern mögen (z. B. beim Wegeunfall, Unterbrechung des Kausalverlaufs[51]), exakt zu scheiden, ist die sozialrechtliche Dogmatik geneigt, den durch Arbeitsunfall bedingten Zusammenhang extensiv zu umfassen und den Begriff des Arbeitsunfalls „weit auszulegen“[52]. Die Grenze des Versicherungsschutzes ist allerdings auch hier überschritten, wenn der innere Zusammenhang mit der ehrenamtlichen Tätigkeit verlorengeht[53].

So ist etwa in den von der Rechtsprechung entschiedenen Fällen der Wahrnehmung kirchlicher Aufgaben als Meßdiener oder Chorsänger kein Zweifel dahin aufgetreten, daß ein Unfall, den ein Ministrant auf dem Wege zu seiner Meßdienertätigkeit erleidet, als Wegeunfall ebenso

50 *Brackmann*, Handbuch, S. 480 d ff.; *Gitter*, Schadensausgleich im Arbeitsunfallrecht, S. 99 ff.; *Lauterbach*, Unfallversicherung, § 548 Anm. 5 ff., S. 203 ff.

51 Vgl. *Brackmann*, Handbuch, S. 480 s II ff.; *Ortlepp*, Handbuch zum Sozialrecht, Gruppe 4, S. 26 ff., 39 ff.; zur unfallversicherungsrechtlichen Kausallehre auch BSGE 1, 72; 13, 290; 30, 282, 284; *Wallerath*, NJW 1971, 228 ff.

52 Vgl. *Lauterbach*, Unfallversicherung, § 548 Anm. 3 f., S. 201/1 ff.

53 Vgl. *Lauterbach*, Unfallversicherung, § 548 Anm. 46, S. 224.

geschützt ist[54] wie ein Unfall, der sich während oder nach Beendigung des Chorgesanges beim Herabgehen von der Orgelempore ereignet hat[55]. Problematisch war hier nicht der Ursachenzusammenhang zwischen unfallbringender Betätigung und Unfallereignis bzw. Gesundheitsbeschädigung, sondern lediglich die ehrenamtliche Tätigkeit wurde zunächst[56], für evangelische Chorsänger auch heute noch[57], von der Rechtsprechung verneint, eine Frage, von der im Anschluß zu handeln sein wird. Daß es also auch im Rahmen kirchlicher Dienste haftungsbegründende Tatbestände im Sinne der Kausalität des Unfallversicherungsrechts gibt, die eine Folge kirchlicher Beschäftigung sind, wird insbesondere durch die Rechtsprechung nicht ausgeschlossen[58].

Problematisch und dogmatisch ungesichert ist aber nach wie vor, wieweit der öffentlich-rechtliche Körperschaftsstatus der katholischen Kirche im Sinne der versicherungsrechtlichen Vorschrift des § 539 Abs. 1 Nr. 13 RVO reicht, und ob die kirchlichen Amtswalter ehrenamtliche Tätigkeit im Sinne dieser Vorschrift ausüben. Da die Reichsversicherungsordnung allerdings den Körperschafts- und Amtsbegriff verwendet, ohne deren Bedeutung und Tragweite im Recht der Unfallversicherung anzugeben, bedarf es einer eingehenden Untersuchung der diese Ausdrücke charakterisierenden Kriterien, vor allem in ihrer staats- und kirchenrechtlichen Bedeutung.

Beide Termini „öffentliche Körperschaft" und „ehrenamtliche Tätigkeit", prägen organisationsrechtliche Inhalte aus. Da das Unfallversicherungsrecht sie nicht expliziert, muß ihr rechtserheblicher Gehalt anderen Organisationsrechtssätzen entnommen werden. Staats- und Kirchenrecht sind aber durch ein je eigenes Organisationsrecht gekennzeichnet. Es erhebt sich also die Frage, welchem Rechtskreis die Bestimmung der ehrenamtlichen Tätigkeit zu entnehmen ist und welche Bedeutung dem öffentlich-rechtlichen Status der Körperschaften dabei zukommt. Ist diese organisationsrechtliche Anbindung in § 539 Abs. 1 Nr. 13 RVO als Verweisung auf die *staats*rechtlich ausformulierte und konstituierte Organisationsstruktur der katholischen Kirche anzusehen, insbesondere beschränkt darauf, soweit diese Aufgaben wahrnimmt, die ihr als öffentlich-rechtlicher Körperschaft zukommen, oder ist — allein — die kirchenrechtliche Organisationsstruktur in Bezug genom-

---

[54] BSGE 39, 24 = Archiv für katholisches Kirchenrecht, Bd. 143 (1974), S. 530 bis 540; Bayer. LSG, Breith. 62 (1973), S. 361; BW LSG, Breith. 59 (1970), S. 477; vgl. auch *Mörsdorf*, Archiv für katholisches Kirchenrecht, Bd. 143 (1974), S. 448 f.

[55] BSG, SGb. 1976, S. 66.

[56] BSGE 34, 163.

[57] BSGE 34, 163, (165 ff.); anders Bayer. LSG, Urt. vom 8. 11. 68 — Az. L 2 U 299/65 — und SG Ulm, SGb. 1967, S. 134.

[58] Vgl. BSGE 34, 163.

men? Denkbar ist es aber auch, daß in § 539 RVO ein spezifisch für das Unfallversicherungsrecht relevantes Organisationsrecht der Kirchen gemeint ist.

2. Zum Geltungsgrund des kirchlichen Rechts

In einer solchen Gemengelage zweier Rechtssubjekte, die als Subsysteme einer als Gesellschaft kennzeichenbaren Summe von Individuen mit einem jeweils eigenen Rechtsetzungsanspruch auftreten[59], bedarf die Art der Einbindung kirchlichen Rechts in das staatliche Recht sorgfältiger Feststellungen, insbesondere dahin, wieweit staatliche und kirchliche Selbstbestimmungsbefugnis jeweils reichen[60]. Daher gilt es, die Rechtsetzungsbefugnisse zu harmonisieren. Rechtsetzung durch Staat und Kirche bedeutet, daß sowohl der Staat als auch die Kirche mit dem Anspruch auftreten, Rechtssätze zu schaffen, die als normative Sätze zu einem Verhalten verpflichten oder einen gesollten Zustand herbeiführen sollen, bei denen der Satzungsgeber mit dem Anspruch auftritt, (legitimierter) Rechtsetzer zu sein. Der Verpflichtungssatz wird also von Staat und Kirche jeweils in der — behaupteten — Eigenschaft formuliert, als Rechtsetzer auftreten zu können[61]. Weil hier kirchliche (Ehren-)Ämter in Frage stehen, erhebt sich das vom Bundessozialgericht nicht einmal erwähnte Problem, ob das staatliche Recht insoweit überhaupt Anwendung finden kann.

Das Problem, *staatliche* Rechtssätze auf *kirchen*rechtliche Sachverhalte zu erstrecken, stellt sich insbesondere bereits wegen des geistlichen Auftrags der katholischen Kirche. Ohne auf Einzelheiten eingehen zu können, kennzeichnet dies als internes kirchenrechtliches Problem bereits den Konflikt zwischen dem geistlichen Wesen der Kirche und ihrer juristischen Verfaßtheit. Es ist die Frage des Rechtsgeltungsgrundes, nämlich dahin, ob geistliches Recht aus religiösen und weltliches Recht aus weltlichen Gründen gilt[62] mit der Folgefrage, welcher dieser Rechtsgründe das Kirchenrecht prägt[63], ja sogar trägt. Von der

---

[59] Dieses Problem bleibt, auch wenn man Staatskirchenrecht als Religionsrecht der verfaßten Gesellschaft begreift. Vgl. *Häberle*, DÖV 1976, S. 73 ff.

[60] *v. Campenhausen*, Staatskirchenrecht, S. 116, 119 ff.; *Dreier*, Das kirchliche Amt, S. 70 ff.; *v. Harling*, ZevKR 10 (1963/64), S. 303; *Hesse*, Rechtsschutz, S. 144 f.; *Mikat*, Kirchen und Religionsgemeinschaften, S. 182; *Weber*, Religionsgemeinschaften, S. 112 ff.

[61] *Freitag*, Gewohnheitsrecht und Rechtssystem, S. 83 ff.; vgl. aber auch *Frank*, Essener Gespräche, S. 24, der ohne rechtsdogmatische Fundierung aus Körperschaftsqualität und Dienstherrenfähigkeit der Kirchen die mögliche Pflichtigkeit ableitet, kirchlichen und staatlichen Dienst gleichwertig zu behandeln.

[62] *Dreier*, Das kirchliche Amt, S. 70; *Münter*, Gestalt, S. 20; *Sohm*, Geistliches und weltliches Recht, S. 17 ff.

[63] *Bertrams*, Die Eigennatur des Kirchenrechts, S. 527 ff. und 544; *Dreier*, Das kirchliche Amt, S. 69; *May*, Das geistliche Wesen, S. 117 ff.; *Mörsdorf*, Lehrbuch I, S. 24 ff.; *Sohm*, Geistliches und weltliches Recht, S. 20.

(Rechts-)Verbindlichkeit her formuliert bedeutet dies, ob die Geltung kraft des Glaubens an Gott begründet[64] und auf die von Christus gestiftete Hierarchie zurückzuführen ist[65].

Bei einem solchen Geltungsgrund des kirchlichen Rechts muß eine Erstreckung staatlichen Rechts auf kirchliche Rechtsverhältnisse problematisch erscheinen. Dies gilt vor allem dann, wenn eine staatliche *Pflicht*versicherung die kirchliche Selbstbestimmung tangiert. Für staatliches Recht ist dies auch dann zu bedenken, wenn aus kirchen- und kirchenorganisationsrechtlicher Sicht der Gegensatz zwischen Evangelium und empirischer Kirche als historisches Datum angesehen und das menschliche Kirchenrecht gegenüber der theologischen Position und Konstruktion hervorgehoben wird[66]. Auch wenn der Rechtsbegriff des Kirchenrechts in seiner Geschichtlichkeit gesehen und seine Rechtsgeltung damit sozialfaktischer Betrachtung zugänglich wird[67], ist damit ein Zugriff des staatlichen Rechts noch nicht eröffnet, weil Kirchenrecht auch bei dieser Betrachtungsweise kirchlicher Selbstbestimmung überantwortet bleibt. Selbst diese empirische Analyse mit ihrem, wenn man so will, geradezu positivistischen Ansatz[68], nimmt diese auch der allgemeinen Rechtslehre (Rechtstheorie) bekannte Rechtsgeltungslehre[69] nur als Theorem auf, um die Rechtsgeltung des Kirchenrechts zu bewältigen. Selbst wenn das Kirchenrecht sich empirisch als Ordnung gebändigter Macht darstellt[70], ist seine im Organisationsrecht institutionalisierte Zuständigkeitsverteilung gleichwohl noch allein kirchlicher Rechtsetzungs- und Rechtsbegründungsbefugnis vorbehalten[71].

Tritt das Kirchenrecht mit diesem Anspruch auf, so ist es für das Selbstverständnis des weltlichen, d. h. staatlichen Gesetzgebers nicht weniger selbstverständlich, daß seine Geltungsbehauptung[72] dahin geht,

---

[64] *Dreier*, Das kirchliche Amt, S. 70; *Sohm*, Geistliches und weltliches Recht, S. 20.

[65] *Dreier*, Das kirchliche Amt, S. 69; *Mörsdorf*, Lehrbuch I, S. 8 ff.; vgl. die dogmatische Konstitution des Zweiten Vatikanischen Konzils über die Kirche „Lumen Gentium", in: AAS 57 (1965), S. 5 ff., Nr. 8 und 18.

[66] *Barth*, Der Römerbrief, S. 317; *Böckenförde*, Rechtsverständnis, S. 195 ff., bes. S. 205; *Dreier*, Das kirchliche Amt, S. 86, S. 94 ff., S. 104 ff., S. 109 ff.; *Münter*, Gestalt, S. 34, S. 45; *Thielicke*, Jus divinum, passim; *Wehrhahn*, Kirchenrecht und Kirchengewalt, S. 83 ff.; *ders.*, ZevKR 1 (1951), S. 71 f.

[67] *Dreier*, Das kirchliche Amt, S. 88.

[68] Auf den Positivismus als wissenschaftstheoretisches bzw. philosophisches Problem kann hier nicht näher eingegangen werden. Dazu sei auf die einschlägige Literatur verwiesen.

[69] Vgl. *Freitag*, Gewohnheitsrecht und Rechtssystem, S. 96 f.

[70] *Dreier*, Das kirchliche Amt, S. 90.

[71] Vgl. BVerfGE 24, 236 (247); BGHZ 12, 323; 22, 390; *Mikat*, Kirchen und Religionsgemeinschaften, S. 179; *Quaritsch*, Kirchen und Staat, S. 288 f.; *Rüthers*, NJW 1976, S. 1921; *Scheuner*, ZevKR 3 (1953/54), S. 358.

[72] Siehe *Freitag*, Gewohnheitsrecht und Rechtssystem, S. 92.

weltliches Recht im Rahmen seiner Rechtsmacht setzen und damit auch die Kirchen erfassen zu können. Erörterungsbedürftig ist daher die Einbeziehung des einen Rechtsetzers in den vom anderen geschaffenen Rechtsbereich[73]. Für das hier berührte Organisationsrechtsproblem ist zu fragen, ob der staatliche Gesetzgeber in § 539 RVO auch kirchliches Amtsrecht erfaßt hat, oder ob seine Regelung kirchenrechtlich unbedeutsam ist bzw. ob sich staats- und kirchenrechtliche Regelungsgewalt in § 539 RVO derart harmonisieren lassen, daß die kirchliche Selbstbestimmung von den Bindungen an die staatliche Rechtsordnung nicht freigestellt ist.

Das Amtsrecht der katholischen Kirche, dessen Dogmatik kirchenrechtlich bereits durch das Problem der — göttlichen — Amtsstiftung gekennzeichnet[74] ist, erscheint wegen dieser theologischen Axiomatik einer staatlichen Regelung noch eher verschlossen als dies bei lediglich menschlich begründeten Normen der Fall wäre. Für eine staatliche Regelung und die sie verarbeitende Dogmatik kommt, wenn man kirchenrechtsrelevante Ergebnisse formulieren will, nur eine Übernahme bestehender kirchenrechtlicher oder kirchenrechtsdogmatischer Ergebnisse in Betracht[75], wobei dieser Verarbeitungsprozeß rational dadurch erhöht wird, daß das kirchliche Lehramt verbindliche Interpretationen festlegt[76]. Bei allem Vorbehalt, den man gegenüber den theologisch-dogmatischen Erkenntnissen haben mag, ist *Dreier*[77] darin zuzustimmen, daß man im rechtswissenschaftlichen und damit auch im sozialversicherungsrechtlichen Bereich die theologischen und kirchenrechtsdogmatischen Argumente zu diskutieren und auf ihre rechtliche Bedeutung und Erheblichkeit zu überprüfen hat. Staats- und kirchenrechtliche Argumentation und Legitimation ist also zu entfalten, um beide Rechtsbereiche möglichst zu harmonisieren und ihren Rechtsnormen widerspruchsfrei zur Geltung zu verhelfen.

---

[73] Zu dem Problem aus kirchenrechtlicher Sicht *Dreier*, Das kirchliche Amt, S. 71.

[74] *Dreier*, Das kirchliche Amt, S. 142 ff.; *Lieberg*, Amt und Ordination, S. 69 ff. und 104 ff.; *Tröger*, Bischofsamt, S. 46 ff.

[75] *Dreier*, Das kirchliche Amt, S. 142; *Wehrhahn*, Methodenproblem, ZevKR 1 (1951), S. 63 ff.

[76] Vgl. c. 108 I 3 CIC; *Dreier*, Das kirchliche Amt, S. 142 ff.; *Küng*, Kirche, S. 492.

[77] *Dreier*, Das kirchliche Amt, S. 142 f.

Zweiter Teil

Das Selbstbestimmungsrecht

Mit der Frage nach der Interdependenz staatlicher und kirchlicher Rechtsgeltung ist eine nicht ganz leichte Aufgabe gestellt, deren theoretische Bewältigung auch ein geschichtliches Problem darstellt. Die Frage nach dem Verhältnis kirchlichen und staatlichen Rechts führt nämlich zwangsläufig zu der Selbstbestimmungsfrage, da es bei der personalen Erfassung von Rechtssubjekten durch verschiedene Rechtsordnungen nicht nur darauf ankommt, daß autonome Rechtsetzer Rechtsbehauptungen aufstellen, sondern die Frage im Vordergrund steht, wieweit die Regelungsbefugnis reicht. Kirche und Staat treten mit je eigenem Souveränitätsanspruch auf, dessen Durchsetzung historischem Wandel unterworfen ist, ja dessen Entwicklung zugleich ein Stück Verfassungsgeschichte schreibt[78].

I. Rechtsetzungsbefugnis als theoretisches Rechtsproblem

Wie sich — staatliche — Souveränität im kirchenrechtsrelevanten Bereich entfaltet und welchen empirischen Befund souveräner Entscheidung das Handeln von Staatsorganen aufzeigt, verdeutlichen u. a. auch die hier für den Unfallversicherungsschutz kirchlicher Amtswalter einschlägigen Urteile des Bundessozialgerichts. Das Gericht als staatlich institutionalisierter und sozialrechtliche Streitigkeiten beendender Rechtsentscheidungssouverän hatte den Unfallversicherungsschutz kirchlicher Bediensteter zunächst verneint[79], später allerdings ebenso souverän — wenn auch durch einen anderen Senat und gegenüber einer anderen Religionsgemeinschaft — bejaht[80]. Diese „Entscheidungswillkür“ steuerte zugleich neben dem Rechtsstatus des Kirchenangehörigen auch die Rechtsstellung der Kirche als Institution; zum einen, indem kirchliche Betätigung und der kirchliche Amtsbegriff zum Gegenstand der Entscheidung wurden, zum anderen, weil auch die soziale Absiche-

---

[78] Vgl. *Dreier*, Das kirchliche Amt, S. 70; *Grawert*, Der Staat 11 (1972), S. 1 ff.; *Quaritsch*, Staat und Souveränität, passim; *Schenk*, Die Emanzipation des Jus humanum vom Jus divinum, S. 405 ff.; *Scheuner*, HdbStKirchR, Bd. 1, S. 7, 18 ff.; *Sohm*, Geistliches und weltliches Recht, S. 32 ff.

[79] BSGE 34, 163.

[80] BSG, SGb. 1976, 66.

rung durch die institutionalisierte Kirche von dem Umfang des staatlichen Unfallversicherungsschutzes abhing. Es entscheiden also — ganz selbstverständlich — staatliche Organe über kirchliche Belange und kirchenrechtsrelevante Sachverhalte.

Hier sind es also der Staat und seine Organe, die mit dem Anspruch auftreten und — diesen faktischen Aspekt der Rechtsgeltung sollte man nicht zu gering veranschlagen — ihn auch durchsetzen, zur Letztentscheidung befugt zu sein[81]. Für den Bereich des Unfallversicherungsschutzes reklamiert der Staat die Rechtsetzungsbefugnis für sich. Dieser Anspruch wird von den Kirchen nicht bestritten; ihre Mitglieder waren es, die die staatlichen Entscheidungsorgane angerufen haben.

Die Rechtsetzungsbefugnis kann, auch wenn man sie rechtstheoretisch angeht, nicht voraussetzungslos behandelt werden, wenn das Ergebnis in die Dogmatik eingeht. Damit ist die Frage der Rechtsetzungsbefugnis nicht nur für die aktuelle Rechtslage des Grundgesetzes relevant, sondern zugleich auch dem Rechtmäßigkeits- und Rechtswidrigkeitsverdikt zugänglich. Rechtsetzungsbefugnis wird damit auch zum normativ-verfassungsrechtlich fruchtbaren Begriff und kann helfen, das staatliche und kirchliche Selbstbestimmungsrecht und seine Wirkkraft bis hin in das Unfallversicherungsrecht abzuklären. Der Rechtsetzungsbegriff ist also nur soweit sinnvoll, wie er sich auch in der Dogmatik, nämlich bei seiner Anwendung, bewährt[82]. Rechtsetzungsbefugnis ist also nicht als isoliertes Problem zu behandeln, sondern beim Ineinandergreifen staatlicher und rechtlicher Rechtsgeltungsansprüche jeweils zu aktualisieren und auf ihre normative Geltung und faktische Wirkkraft hin zu überprüfen. Jede idealtypische Aussage vom Staat und der Kirche als souveränen Verbänden[83] geht von einem präpositiven Axiom staatlich und kirchlich institutionalisierter Rechts- und Herrschaftsgewalt aus, die den allein problematischen intermediären Raum sich überschneidender und eventuell konkurrierender Rechtssätze nicht zu bewältigen vermag.

Die theoretische Diskussion der Hoheitsgewalt ist allgemeine Rechts- oder Gesellschaftslehre und damit eine Lehre von gesellschaftlichen Subsystemen, von denen noch nicht festeht, wie sie sich nach positivem Recht zueinander verhalten[84]. Kanalisation und Regelungsgehalt von

---

[81] *Quaritsch*, Kirchen und Staat, S. 283; *Röhl*, Das Dilemma der Rechtstatsachenforschung, S. 214 ff.; *Freitag*, Gewohnheitsrecht und Rechtssystem, S. 94 ff.; S. 167 ff. m.w.N.

[82] Zu einer grundgesetzrelevanten Rechtstheorie vgl. *Freitag*, Gewohnheitrecht und Rechtssystem, S. 80 ff.

[83] OVG Berlin, ZevKR 3 (1953/54), S. 201 ff.; *Hesse*, ZevKR 3 (1953/54), S. 193; *Quaritsch*, Kirchen und Staat, S. 283.

[84] Zum Problem der sozialen Systeme in der Gesellschaft *Luhmann*, Rechtssoziologie, S. 133; *Mikat*, Kirchen und Religionsgemeinschaften, S. 146 f. Zum Verhältnis Kirche und Staat nach der Lehre der katholischen Kirche neuestens

Herrschaftsgewalt *konkreter* Rechts- und Hoheitsmacht muß bei aller theoretischen Stringenz und Klarheit *auch* als staatsrechts- und kirchenrechtsdogmatisches Problem behandelt werden, sollen sich nicht beide Aspekte im Gewande „ontologischer Erkenntnisse" aus der wissenschaftlichen Diskussion verflüchtigen, indem sie damit immunisiert und intersubjektiver Nachprüfung nicht mehr zugänglich sind[85]. Man mag hier aus religiösen, politischen oder sonstigen Gründen jeden Souveränitätsverlust bedauern[86]; konkrete Rechtsfragen, wie die nach dem Standort des Kirchenamtes in der gesetzlichen Unfallversicherung, lassen sich nur anhand der aktuellen Gesetzgebungsbefugnis beider Rechtskreise ermitteln. Damit werden dem kirchenrechtlichen Vorverständnis bei der Behandlung staatlichen Rechts die gleichen Grenzen gesetzt, wie dem staatsrechtlich-positivistischen Denken bei der Behandlung von Kirchenrechtsvorschriften[87].

Folge der Selbstbestimmung bzw. sinnfälliger Ausdruck ihres Wirkens ist die eigene Organisation und das eigene Recht des Souveräns. Beide Systeme prägen also eine je eigene Organisation und eigenes Recht aus. Dies wirft für das Kirchenamt die Frage seiner Rechtswirkung im weltlichen Recht auf, eine Frage, die das Bundessozialgericht nicht formuliert hat. Es hat das kirchliche Recht vielmehr umgekehrt ohne weiteres in das staatliche Recht der Unfallversicherung transformiert.

Ebenso wie die Organisationsgewalt gibt auch die Gesetzgebungsmacht Auskunft über Inhalt und Gehalt unabgeleiteter Herrschaftsmacht. Die Form der Ausübung der Kirchengewalt ist ebenso wie die der Staatsgewalt starkem geschichtlichem Wandel unterworfen. Bindung und Verknüpfung staatlicher und kirchlicher Gewalt strebten im Laufe der Geschichte immer stärker auseinander[88]. Insbesondere unter dem Stichwort der originären Hoheitsgewalt hat sich das kirchliche Selbstbestimmungsrecht zu einem Problembegriff entwickelt, der verfassungsgeschichtlich insbesondere mit der Begründung neuzeitlicher Staaten verwoben ist[89]. Unproblematisch scheint die Grenze zwischen

---

Mikat, HdbStKirchR, Bd. 1, S. 143 ff.; nach der Lehre der evangelischen Kirche *Simon*, HdbStKirchR, Bd. 1, S. 189 ff. Zur Souveränität *Friesenhahn*, HdbStKirchR, Bd. 1, S. 546 ff.; 550 ff.

85 Siehe *Albert*, Theorie und Realität, S. 6, 12.

86 *Böckenförde*, Rechtsverständnis, S. 175 ff.; *Dreier*, Das kirchliche Amt, S. 70; *Sohm*, Geistliches und weltliches Recht, S. 32 ff.

87 *Heckel*, VerwArch 37 (1932), S. 284; *Hesse*, ZevKR 3 (1953/54), S. 195; *Quaritsch*, Kirchen und Staat, S. 283 ff.; *Thieme*, AöR 80 (1955/56), S. 447. Zum intermediären Raum vgl. *Friesenhahn*, HdbStKirchR, Bd. 1, S. 550 ff.

88 *Schenk*, Die Emanzipation des Jus humanum vom Jus divinum, S. 408 ff.

89 *Hesse*, Rechtsschutz, S. 119; *Mikat*, Kirchen und Religionsgemeinschaften, S. 167 und passim; *Peters*, VVDStRL 11 (1954), S. 187; *Quaritsch*, Kirchen und Staat, S. 297 ff. und 291 ff.

Staat und Kirche lediglich im Bereich der Wahrnehmung des überirdischen Auftrages, des Kultus zu sein. Hier ist die Eigenbestimmung der Kirche unbestritten, unabhängig davon, ob sie als Ausfluß der den Kirchen eigenen originären Hoheitsgewalt[90] oder lediglich als staatsfreier Raum eigener Angelegenheiten[91] angesehen wird.

Insoweit von *eigenen* Angelegenheiten zu sprechen, ist allerdings nicht ganz unproblematisch. Zumindest muß man sich auch hier über das Verhältnis von staatlichem und kirchlichem Recht klar sein. Die Wahrnehmung eigener Angelegenheiten ist nämlich nicht in dem Sinne zu verstehen, daß sie nicht zugleich auch Gegenstand staatlicher Regelung sein könnte. Die verfassungsrechtliche Gewährleistung der ungestörten Religionsausübung ist das beste Beispiel dafür. Indem die Selbstbestimmung und die religionsrechtliche Selbstgesetzgebung garantiert wird, toleriert der Staat zwar die Selbstgesetzgebung. Indem er sie aber garantiert, macht er zugleich deutlich, daß in diese Religionsrechte auch eingegriffen werden kann, von wem, das mag hier dahinstehen[92]. Der Garant der Religionsfreiheit unterwirft diese zugleich seiner Dispositionsbefugnis[93]. Die Garantie der Glaubens- und Gewissensfreiheit sowie der ungestörten Religionsausübung begründet also ein Rechtsverhältnis zwischen Staat und Kirche, indem sie dem Staat Eingriffe, bis zu welcher Grenze auch immer, in diese Schutzbereiche verwehrt. Es kann also sehr wohl eine rein religiöse Betätigung zum Inhalt staatlicher Regelung werden. Ist die staatliche und damit öffentlich-rechtliche Gewährleistung in Art. 4 GG als Regelung der Rechtsbeziehung des Staates und seiner Organe zur Religion, zur Kirche und zu den Gläubigen Teil des Grundrechtsschutzes, so vermögen andere staatliche Regelungen die Warhnehmung kirchlicher Aufgaben zum Gegenstand einfachgesetzlicher Vorschriften zu machen.

Diese Überlegung macht deutlich, daß für den unfallversicherungsrechtlichen Status kirchlicher Amtswalter die Wahrnehmung ihrer reli-

---

[90] *Mikat,* Kirchen und Religionsgemeinschaften, S. 179; *Quaritsch,* Kirchen und Staat, S. 289; *Scheuner,* ZevKR 3 (1953/54), S. 358; *Thieme,* AöR 80 (1955/56), S. 426.

[91] Vgl. *Quaritsch,* Kirchen und Staat, S. 289 Anm. 91 ausdrücklich gegen *Mikat,* Kirchen und Religionsgemeinschaften, S. 179; BGHZ 12, 323; 22, 390. Zum Meinungsstand zu Art. 137 Abs. 3 WRV, vgl. aus der fast unübersehbar zu nennenden Literatur neuestens *Hesse,* HdbStKirchR, Bd. 1, S. 416 ff.; *Listl,* Das Grundrecht der Religionsfreiheit, S. 372 ff.; *ders.,* HdbStKirchR, Bd. 1, S. 402 ff.

[92] Zur Staatsgerichtetheit der Grundrechte vgl. stellvertretend *Dürig,* in: Maunz / Dürig / Herzog, Art. 1 Rdnr. 100. Zur Religionsfreiheit als Individualgrundrecht vgl. die umfassende Darstellung bei *Listl,* Das Grundrecht der Religionsfreiheit, S. 54 ff.

[93] *Friesenhahn,* HdbStKirchR, Bd. 1, S. 553 ff.; *Quaritsch,* Kirchen und Staat, S. 292; *Smend,* ZevKR 1 (1951), S. 12; abweichend *Thieme,* AöR 80 (1955/56), S. 434.

giösen Aufgabe eigene kirchliche Angelegenheit mit der Maßgabe ist, daß — ohne daß in die Religionsausübung eingegriffen werden mag — diese zugleich *auch staatlichem Recht* unterfällt. Der Schluß von einer „lediglich" religiösen Ausübung auf einen zwangsläufig daraus folgenden mangelnden öffentlich-rechtlichen Status ist daher unzulässig. Religiöse Aufgabenwahrnehmung kann zugleich eine staatsrechtliche Statusveränderung, etwa im Sinne des Unfallversicherungsschutzes, bewirken.

II. Selbstbestimmung und Verfassungsrecht

Die Grenze kirchlicher Selbstbestimmung, aber auch staatlicher Einwirkung in den innerkirchlichen Bereich schreibt Art. 137 Abs. 3 WRV fest. Er konstituiert dies allerdings als staatliche Rechtsnorm, so daß er auch nur aus staatlicher Sicht den Schlüssel zum System des gegenwärtigen Verhältnisses von Staat und Kirche zu bergen vermag[94]. Art. 137 Abs. 3 WRV i.V.m. Art. 140 GG ist also verfassungsrechtlicher Ausdruck staatlicher Rechtsetzungsmacht, wenn er in Satz 1 formuliert: „Jede Religionsgesellschaft ordnet und verwaltet ihre Angelegenheiten selbständig innerhalb der Schranken des für alle geltenden Gesetzes." Kirchlicher Dienst ist nun sicherlich Wahrnehmung eigener Angelegenheiten, so daß sich die Frage stellt, ob und warum Unfallversicherungsvorschriften sich auch auf *Kirchenämter* erstrecken, zumal den Kirchen in Art. 137 Abs. 3 Satz 2 WRV die Ämterhoheit explizit übertragen ist. Ist also — so lautet die Frage — das Recht der gesetzlichen Unfallversicherung ein für alle geltendes Gesetz auch in bezug auf die Ausübung kirchlicher Ämter?

Die Formel des „für alle geltenden Gesetzes" bei gleichzeitiger Anerkennung der selbständigen Regelungsbefugnis kirchlicher Angelegenheiten muß ganz zwangsläufig zu einem Problembegriff werden. Hier erfährt auf staatsrechtlicher Ebene der eine Souverän die Anerkennung des anderen, indem er zugleich aber der Schrankenziehung seiner Rechtsetzungmacht durch den anderen unterworfen wird. Die Statuierung einer solchen Rechtsbeziehung zwischen Rechtssubjekten muß — insbesondere, soweit ihr Status vom Autonomiegedanken getragen ist — ganz grundsätzlich, insbesondere aber an den Grenzen, zu Auslegungsstreitigkeiten führen.

Einzelheiten sollen hier nicht nachgezeichnet, sondern die Auslegungsgrundsätze nur soweit entwickelt werden, wie dies für den Unfallver-

[94] *Quaritsch*, Kirchen und Staat, S. 283 hat also ein staatliches „Vorverständnis", wenn er schlechthin diese staatliche Vorschrift als Schlüssel für das Verhältnis von Kirche und Staat ansieht. Vgl. auch BVerfGE 18, 385 (386). Zum Staatskirchenrecht im Gesamtgefüge der verfassungsrechtlichen Ordnung *Hollerbach*, HdbStKirchR, Bd. 1, S. 255 ff.

sicherungsschutz kirchlicher Amtswalter erforderlich scheint[95]. Es ist Quaritsch[96] sicherlich darin zuzustimmen, daß die Auslegung des Bundesgerichtshofs, allgemeine Gesetze seien diejenigen Normen, die sich als Ausprägung und Regelung grundsätzlicher, für unseren sozialen Rechtsstaat unabdingbarer Postulate darstellen, auslegungsproblematischer ist als der Gesetzestext selbst. Dies gilt auch dann, wenn diese Postulate des näheren dahin charakterisiert werden, daß jedes Recht, also auch das kirchliche Recht, sie mit Notwendigkeit enthält oder sie stillschweigend oder ausdrücklich bejaht und in Bezug nimmt. Eine solche Interpretation ist geradezu der Ruf danach, das allgemeine Gesetz kraft Vorverständnis und Wertentscheidung zu bestimmen.

Der zuständige Rechtsetzer wird bereits vorab an konstitutive Entscheidungsrichtlinien gebunden[97]. Auch dieser Auslegungskonflikt[98] läßt sich zwar inhaltlich austragen, letztlich aber nur rechtssystematisch lösen[99]. Der Gesetzgeber also wird den allgemeinen Charakter seiner Rechtsetzungsprodukte festlegen und das Bundesverfassungsgericht wird letztlich darüber entscheiden. Das allgemeine Gesetz im Sinne der Verfassung kann also unter Legitimitätsgesichtspunkten kein anderes sein als das verfassungsmäßige Gesetz[100]. Damit ist deutlich, daß der Verfassung selbst der Maßstab entnommen werden muß, soweit diese ihn aufstellt. Insbesondere sind also die grundrechtlichen und organisationsrechtlichen Erfordernisse der Gesetzmäßigkeit zu beachten[101].

Als spezifisches Auslegungsproblem des Art. 137 Abs. 3 WRV bleibt damit allerdings noch die Frage nach der „Geltung des Gesetzes für alle“ zu beantworten. Sieht man es im Verhältnis zu anderen Gesetzesvorbehalten des Grundgesetzes, wobei ein unmittelbarer Vergleich nach Ansicht des Bundesverfassungsgerichts unstatthaft ist, da Kirchen zum Staat ein qualitativ anderes Verhältnis besitzen als andere gesellschaftliche Großgruppen, wird deutlich, daß im Verhältnis Staat und Kirche der Allgemeinheit des Gesetzes besondere Bedeutung zukommt, die eine Schranke der Regelungsbefugnis der eigenen Angelegenheiten darstellen soll. Auch wenn man sich darauf verständigen würde, daß

---

95 Zur Entwicklungsgeschichte siehe *Quaritsch*, Kirchen und Staat, S. 284 ff. Zu den vergleichbaren arbeitsrechtlichen Problemen vgl. *Frank*, HdbStKirchR, Bd. 1, S. 702 ff.; *Rüthers*, NJW 1976, S. 1919 m.w.N.

96 *Quaritsch*, Kirchen und Staat, S. 284 f.

97 So BGHZ 22, 387; *Heckel*, VerwArch 37 (1932), S. 284; siehe aber auch *Quaritsch*, Kirchen und Staat, S. 285.

98 Nach *Quaritsch*, Kirchen und Staat, S. 286 ist es ein solcher zwischen Staat und Kirche.

99 Vgl. *Freitag*, Gewohnheitsrecht und Rechtssystem, S. 80 ff.

100 Vgl. auch *Quaritsch*, Kirchen und Staat, S. 292.

101 Vgl. dazu *Schnapp*, Amtsrecht und Beamtenrecht, S. 90 ff.; *Freitag*, Gewohnheitsrecht und Rechtssystem, S. 148 ff.

das allgemeine Gesetz den Bürger als Staatsbürger meint, der damit gerade nicht in seiner religiösen oder kultischen Betätigung angesprochen ist, so läßt sich auch hier eine exakte Grenze nicht ziehen. Mit der Formulierung, eine „Angelegenheit“ verliere ihren kirchlichen Eigencharakter, wenn sie aus dem innerkirchlichen („internen“) Bereich in die Welt des Staates und des Staatsbürgers hineinwirke[102], kann man nämlich alle diejenigen Fälle nicht erfassen, *in denen nicht die Kirche in den Staat, sondern der Staat in die Kirche „hineinwirkt“*. Kann man also noch vom allgemeinen Gesetz sprechen, wenn der Staat mit seinem Sozialleistungssystem die Extension seiner normativen Regulative auch auf die kirchliche Organisation und ihre Organwalter erstreckt? Der gesamte öffentlich-rechtliche Leistungsbereich vermag insoweit normativ an kircheneigene Angelegenheiten anzuknüpfen, soweit er über diesen Bereich hinausgehende Begünstigungen enthält. Problematisch allerdings bleiben die mit sozialen Solidarleistungssystemen zugleich verbundenen Belastungen.

Die Grenzziehung ist und bleibt also schwierig, auch wenn man wohl ganz generell der Meinung zuneigen kann, daß der Unfallversicherungsschutz als Teil der Sozialversicherung ein wohl allgemeines staatliches Anliegen nach sozialer Absicherung unter der Geltung des Sozialstaatsprinzips ist[103]. Hier scheint es zumindest auch um weltliche Angelegenheiten zu gehen, bei denen es der Sachzwang dem Gesetzgeber auferlegt, Systeme sozialer Sicherung zu schaffen[104]. Es ist also auch hier darauf zu schauen, ob der Gesetzgeber in einem ansonsten verfassungsmäßigen Gesetz das Erfordernis sehen darf, die Wahrnehmung kirchlicher Ämter ebenso wie andere staatsbürgerrelevante Betätigungen dem gesetzlichen Unfallversicherungsschutz zuzuschreiben[105].

Festzuhalten bleibt gerade bei den aufgezeigten Grenzziehungsschwierigkeiten, daß Art. 137 Abs. 3 WRV über Art. 140 GG eine Verfassungsnorm und damit staatsrechtlicher Natur ist, die auch der verfassungsrechtlichen (staatsrechtlichen) Kontrolle unterliegt. Vorstellungen über Koordination und Kooperation finden also ihre Grenze an der Befugnis zur (letztverbindlichen) Entscheidung, wie sie durch die staat-

---

102 Siehe BGHZ 12, 323; 22, 390; *Anschütz*, Die Verfassungs-Urkunde für den preußischen Staat, S. 307; *Maunz*, in: Maunz / Dürig / Herzog, Art. 140 (Art. 137 WRV), Rdnr. 21 f.; *Mikat*, Kirchen und Religionsgemeinschaften, S. 179 ff.; *Quaritsch*, Kirchen und Staat, S. 289; *Scheuner*, ZevKR 3 (1953/54), S. 358; *Thieme*, AöR 80 (1955/56), S. 426; zum qualitativen Verhältnis von Staat und Kirche vgl. BVerfG, DÖV 1977, S. 51 ff.

103 Vgl. *Wannagat*, Lehrbuch, S. 71 ff.; *Wertenbruch*, Sozialverfassung-Sozialverwaltung, S. 14 ff. Zu den arbeitsrechtlichen Problemen *Rüthers*, NJW 1976, S. 1919 m.w.N.

104 Siehe *Wannagat*, Lehrbuch, S. 110 ff., S. 361 ff.

105 *Quaritsch*, Kirchen und Staat, S. 289, siehe Zweifelsfälle gerade bei kirchlichen Amtsträgern.

liche Funktionenverteilung ausgeprägt ist[106]. Für den Unfallversicherungsschutz kirchlicher Amtswalter ist überdies zu ergänzen, daß die Kirchen selbst die Einbeziehung der durch die Kirchen zu Amtswaltern bestellten Personen in den Unfallversicherungsschutz anstreben[107], sie damit originäre Hoheitsgewalt insoweit nicht in Anspruch nehmen, sondern vielmehr ihre Mitglieder für den Unfallversicherungsschutz bei der Wahrnehmung ihrer Amtsgeschäfte auf staatliche Hilfe durch die Gerichte verweisen, um rechtlichen Schutz zu erlangen[108].

---

106 *Quaritsch*, Kirchen und Staat, S. 289 ff., insbesondere Anm. 94 sowie die dort genannten weiteren Hinweise.

107 Indem sie gerichtliche Verfahren ihrer Mitglieder unterstützen.

108 Siehe auch BVerwG, DVBl. 1976, S. 279; BGH, DVBl. 1967, S. 727; *Hesse*, Rechtsschutz, S. 76; *Quaritsch*, Kirchen und Staat, S. 292 und 304 ff.; vgl. auch § 135 BRRG.

Dritter Teil

Unfallversicherung und Körperschaftsstatus

§ 539 Abs. 1 Nr. 13 RVO, der als allgemeines Gesetz i.S.d. Art. 137 Abs. 3 WRV anzusehen ist, gewährt nur solchen Personen Unfallversicherungsschutz, die bei einer Körperschaft des öffentlichen Rechts ehrenamtlich tätig sind. Es kommt also nicht jeder kirchliche Dienst für den Versicherungsschutz in Betracht, sondern, soweit der öffentlich-rechtliche Körperschaftsstatus reicht, nur der ehrenamtliche Dienst. Der Unfallversicherungsschutz knüpft zugleich an den öffentlich-rechtlichen Status des Verbandes und die Ausübung eines davon getragenen Amtes an. Dies bedeutet vor allem, daß private Ämter vom Versicherungsschutz ausgenommen sind[109].

Setzt das Gesetz öffentlich-rechtlichen Rechtscharakter voraus, so ist die Aussage staatsbezogen. Die Kirche ist also nur soweit von der gesetzlichen Regelung erfaßt, wie ihr Körperschaftsstatus reicht, da der Gesetzgeber den Unfallversicherungsschutz an die von ihm verliehene Sonderrechtsstellung anknüpft. Wegen des staatlichen Verleihungsaktes ist die Kirche nur bei solchem Verhalten ihrer Mitglieder als Körperschaft im „staatsrechtlichen" Sinne anzusprechen, bei dem staatlich begründete Rechtsbeziehungen oder Rechtsverhältnisse zwischen ihr oder einem ihrer Mitglieder und dem Staat bestehen. Dies heißt allerdings nicht, wie bei den Darlegungen zur Rechtsetzungsbefugnis und ihrer Bedeutung für Art. 4 des Grundgesetzes deutlich wurde[110], daß alles das, was man als Religionsausübung bezeichnen und dem Glaubensbereich zuordnen mag, nicht auch Gegenstand staatskirchenrechtlicher oder überhaupt staatlicher Rechtsregeln sein könnte[111]. Vor allem gilt es zu klären, ob die einzelnen Rechtsbeziehungen aus dem Körperschaftsstatus folgen und sozusagen sachlogischer Ausfluß eines rechtlich fest umrissenen und in seiner Reichweite festliegenden Körperschaftsbegriffes sind oder ob der Körperschaftsbegriff lediglich Zustands-

---

[109] Zur Unterscheidung zwischen privaten und öffentlichen Ämtern vgl. BVerfGE 10, 311; BGHZ 17, 115; *Wolff*, in: Wolff / Bachof, Verwaltungsrecht II, § 73 I c 6.

[110] Siehe oben, S. 43 ff. Wie auch umgekehrt der Ausdruck Körperschaft des öffentlichen Rechts nicht notwendig die Kirchenkörperschaften erfassen muß, siehe *Friesenhahn*, HdbStKirchR, Bd. 1, S. 561.

[111] Vgl. *Wolff*, in: Wolff / Bachof, Verwaltungsrecht I, § 33 V b 5.

beschreibung ist, der über die (staats-)rechtlich relevanten Handlungen der juristischen Person nichts aussagt. Zu entwickeln ist der Körperschaftsbegriff anhand der Reichsversicherungsordnung, da die Interpretation einer sozialversicherungsrechtlichen Norm dieses Gesetzes ansteht. Das aber wirft die Frage auf, ob der Körperschaftsbegriff im Recht der gesetzlichen Unfallversicherung kausale Determination der ehrenamtlichen Tätigkeit ist oder ob es für die Kirche nur darauf ankommt, öffentlich-rechtliche Körperschaft, und zwar nicht in bezug auf spezielle Aufgaben, zu sein und „als solche" ehrenamtlich Tätige zu beschäftigen.

Da auch die Vornahme religiöser Handlungen im Verhältnis Staat-Kirche öffentlich-rechtliche Bedeutung erlangen kann, bedeutet dies für den Ausdruck des ehrenamtlich Tätigen in § 539 Abs. 1 Nr. 13 RVO, ob der zu versichernde Personenkreis so, wie der Gesetzgeber ihn vorgefunden hat, einer Eigenbestimmung durch die öffentlich-rechtlichen Körperschaften unterliegt. In diesem Falle hätte er ihnen die inhaltliche Ausfüllung des Ausdrucks „ehrenamtliche Tätigkeit" überlassen. Denkbar ist aber auch, daß der Gesetzgeber nicht einen durch das Versicherungsrecht modifizierten Körperschafts- und Amtsbegriff meint, sondern daß der Körperschaftsbegriff nicht als relativer, sondern als allgemeiner Rechtsbegriff eingeführt ist, der die Bedeutung des Amtsbegriffs zugleich allgemein festlegt. Es wird also zu untersuchen sein, was sich aus dem öffentlich-rechtlichen Status der Religionsgemeinschaften für den Amtsbegriff folgern läßt und wieweit andererseits die kirchliche Selbstbestimmung den versicherungsrechtlich vorgegebenen Rahmen legitimerweise ausfüllt[112].

Insbesondere für die Religionsgemeinschaften ist das Erfordernis der Wahrnehmung öffentlicher Aufgaben als Voraussetzung für deren öffentlich-rechtlichen Rechtsstatus problematisch, mithin zugleich auch der Amtsbegriff von Bedeutung. Vor allem wird untersucht, ob die Art der wahrgenommenen Aufgabe einen Rückschluß auf den Körperschaftsbegriff zuläßt. In diesem Zusammenhang wird vor allem angeregt, zwischen öffentlich-rechtlichen und sonstigen kirchlichen Aufgaben zu unterscheiden. Folgt man einer solchen Unterscheidung, so läßt sich schon jetzt absehen, daß gerade im Bereich kirchlicher Ehrenämter Unfallversicherungsschutz dann problematisch wird, wenn „lediglich" kirchliche Aufgaben wahrgenommen werden. Es ist also zunächst einmal darzulegen, ob die katholische Kirche und ihre Untergliederungen öffentlich-rechtliche Körperschaften sind, vor allem aber, welche Rechtsfolgen sich aus dieser Rechtsstellung ergeben.

---

[112] Vgl. zu den Grenzen auch *Hesse*, Rechtsschutz, S. 142 ff.; *Mikat*, Kirchen und Religionsgemeinschaften, S. 184; zu den Problemen eines juristischen Rechtsbegriffs kirchlicher Ämter siehe *Dreier*, Das kirchliche Amt, S. 116 ff.

I. Der Körperschaftsstatus und sein kirchenrechtlicher Gehalt

Der Begriff der Körperschaft dient dazu, eine Mehrheit von Personen im Wege rechtlicher Zuordnung als Einheit zu begreifen. Die Körperschaft ist Träger bzw. Zurechnungssubjekt der in einer Rechtsordnung ihr zukommenden Berechtigungen und Verpflichtungen[113], die ihr durch ihre Organe und Organwalter vermittelt werden[114]. Der rechtliche Gehalt dieser Subjektivität differiert nach den konstituierenden Rechtssätzen, prägt aber als gemeinsamer Bezugspunkt die Bewältigung öffentlicher Aufgaben durch Interessenträger[115] aus. Diese interessengeleiteten Staatsbürger werden zu einem gemeinsamen Rechtsträger verbunden, dessen rechtlicher Status einer Körperschaft es ihnen ermöglicht, „ihnen die Aufgabe zu stellen oder zu überlassen, ihre eigenen gemeinsamen (öffentlichen) Angelegenheiten im Rahmen der staatlich gegebenen Rechtsordnung in eigener Verantwortung (unter staatlicher Rechtsaufsicht) selbst zu verwalten“[116]. Ist der Körperschaftsbegriff durch die Zuordnung von Personen zu rechtserheblichen Gruppen definiert, so ist es für das Wesen der Körperschaft des öffentlichen Rechts maßgebend, daß der öffentlich-rechtliche Rechtsstatus nicht auf einen Akt der Privatautonomie, sondern auf einen Hoheitsakt zurückgeführt wird. Greift man hier auf den *Souveränitätsbegriff* zurück, so kann die rechtlich verfaßte Gruppe zwar auch privat oder vorstaatlich zu einer Organisationseinheit zusammengefaßt und damit Souverän einer selbst gebildeten gesellschaftlichen Gruppe sein, den ihr (nunmehr) *auch* zukommenden körperschaftlichen Rechtsstatus aber leitet sie vom Staat ab[117].

Als Vereinigung mag der Privatinitiative für das Entstehen und vor allem das Wirken einer öffentlich-rechtlichen Körperschaft im Einzelfall konstitutive Bedeutung dahin zukommen, daß die bereits gebildete oder noch zu bildende Vereinigung überhaupt Zurechnungssubjekt staatlicher Rechtsregeln sein kann, da diese Privatinitiative erst die Möglichkeit einer Anwendung staatlichen Rechts ermöglicht. Dies ist

---

[113] Vgl. *Böckenförde*, Organ, Organisation, Juristische Person, S. 272; *Hoffmann-Becking*, DVBl. 1972, S. 302; *Hoppe*, Organstreitigkeiten, S. 181 ff.; *Menger*, System, S. 146 ff.; *Wolff*, Organschaft II, S. 259 ff.; *ders.*, in: Wolff / Bachof, Verwaltungsrecht I, § 32 II b; *ders.*, in: Wolff / Bachof, Verwaltungsrecht II, § 72 I b; *Freitag*, VerwArch. 1976, S. 29.

[114] Siehe *Wolff*, Organschaft II, S. 260 f.

[115] So die Bezeichnung bei *Wolff*, in: Wolff / Bachof, Verwaltungsrecht II, § 84 I d.

[116] Vgl. *Wolff*, in: Wolff / Bachof, Verwaltungsrecht II, § 84 I d.

[117] Vgl. BVerfGE 10, 101; BW VGHE 4, 186; *Forsthoff*, Lehrbuch, S. 458 f.; *Quaritsch*, Kirchen und Staat, S. 305 ff.; *Wolff*, in: Wolff / Bachof, Verwaltungsrecht II, § 84 II b.

aber nur im staats- und rechtsfreien Raum der Fall, in dem den Staatsorganen die Rechtsetzungskompetenz fehlt, also Körperschaft und sie ausfüllende Zwangsmitgliedschaften unzulässig sind. Es kann also im Einzelfall so sein, daß staatliche und private Willensäußerung konstitutives Element des Entstehens einer Rechtsperson sind[118], keinesfalls aber kann für den öffentlich-rechtlichen Status auf die staatliche Mitwirkung verzichtet werden. Auch die Kirchen als vorrechtliche soziale Gruppen leiten *im* Staat ihren Körperschaftsstatus *vom* Staat ab[119].

Ist damit der staatliche Rechtsgründungsakt für das Entstehen der Kirchen als öffentlich-rechtliche Körperschaften festgeschrieben, so gilt es für die weitere Untersuchung zugleich aber festzuhalten, daß damit nur der *staatsrechtliche* Status als Mindesterfordernis einer staatlichen Zuweisung bedarf. Mit dieser Statusverleihung ist allerdings noch nichts über die Art und Rechtsqualität der eigenen Angelegenheiten ausgesagt.

Dieses Zweckmoment bei der inhaltlichen Beschreibung dessen, was eine Körperschaft ausmachen soll, geht nun über eine bloße Zustandsbeschreibung des rechtlichen Substrats weit hinaus, indem sie bereits die rechtlich relevanten Handlungen und Tätigkeiten des Rechtsgebildes zu erfassen sucht.

Die Zustandsbeschreibung einer Körperschaft, eine solche des öffentlichen Rechts zu sein, läßt mangels ausdrücklicher normativer Anordnung aus logischen Gründen den zwingenden Schluß nicht zu, daß sie deshalb auch *stets öffentlichen Zwecken* diene, öffentliche Aufgaben wahrnehme oder körperschaftliche Belange vertrete[120]. Denkbar ist es vielmehr auch, daß die öffentliche Körperschaft (nach *Hans J. Wolff* zumindest zugleich auch) *private Interessen* verfolgt, wie ja der Staat auch nicht aufhört, Staat zu sein, wenn er fiskalische Interessen verfolgt oder am Privatrechtsverkehr teilnimmt[121]. Ebensowenig wie der Staat durch hoheitliche oder öffentliche Betätigung in dem Sinn definiert ist, daß nur hoheitliche oder öffentliche Betätigungen seine (staatliche) Rechtssubjektivität begründen, ist der hoheitliche oder öffentliche Zweck der Handlungen für die öffentlich-rechtlichen Körperschaften konstitutiv, wenn ihm das konstituierende Moment nicht normativ beigelegt wird. Verwaltungstätigkeit und körperschaftliche Aufgaben sind daher auch sachlogisch nicht Voraussetzung dafür, daß der Staat öffent-

118 *Rode*, BKK 1975, S. 160 ff.

119 Vgl. *Mikat*, Kirchen und Religionsgemeinschaften, S. 173; *Quaritsch*, Kirchen und Staat, S. 305 ff.; *Wolff*, in: Wolff / Bachof, Verwaltungsrecht II, § 84 II c und III b; a. A. *Peters*, VVDStRL 11 (1954), S. 187.

120 Vgl. *Wolff*, in: Wolff / Bachof, Verwaltungsrecht II, § 84 I d.

121 Siehe *Rudolf*, Verwaltungsorganisation, S. 429; *Wolff*, in: Wolff / Bachof, Verwaltungsrecht II, § 84 II b 2.

lich-rechtliche Körperschaften als Rechts- und Zurechnungssubjekte zum Adressaten normativer Anordnungen macht[122].

In dem oben dargelegten Sinne und unter den dort entwickelten Kautelen sind auch die Kirchen Körperschaften des öffentlichen Rechts, die durch autonomen und konstitutiven Akt des Kirchenrechts als Rechtssubjekt hervorgebracht worden sind und durch verfassungsrechtlichen Verleihungsakt ihren öffentlich-rechtlichen Status erhalten haben[123].

II. Die Diözesen der katholischen Kirche und ihre Untergliederungen als Körperschaften des öffentlichen Rechts

Eine einheitliche Körperschaft „Katholische Kirche" in Deutschland gibt es nicht. Vielmehr sind kraft kirchenrechtlicher Organisation die Diözesen der katholischen Kirche und ihre Untergliederungen im Geltungsbereich des Grundgesetzes Körperschaften des öffentlichen Rechts[124]. Dies ergibt sich aus Art. 140 GG i.V.m. Art. 137 Abs. 5 Satz 1 WRV, wonach die Religionsgesellschaften Körperschaften bleiben, *soweit* sie es zuvor waren. Satz 2 der Vorschrift eröffnet die gleiche Möglichkeit auch anderen Religionsgesellschaften unter weiteren Voraussetzungen.

Gerade für die Religionsgesellschaften erweist es sich als unumgänglich, lediglich die oben[125] entwickelten konstituierenden Kriterien des Körperschaftsstatus an den ihnen staatlich vermittelten Rechtscharakter anzulegen, um den kirchlichen Körperschaftsbegriff nicht in einer Weise zu verengen, die ihn als Verfassungsbegriff unbrauchbar machen würde.

Man muß also beim Körperschaftsbegriff den Unterschied deutlich kennzeichnen, der zwischen den Körperschaften als bloßen Zurechnungssubjekten und der Art und dem Zweck ihrer Aufgaben besteht. Das Grundgesetz hat in Art. 140 die Religionsgesellschaften durch die Wahl des Begriffs „Körperschaft" als verfassungsrechtliche Einrichtung garantiert. Der Ausdruck „Körperschaft" dient nicht dazu, die Kirchen

---

122 Vgl. auch *Wolff*, in: Wolff / Bachof, Verwaltungsrecht II, § 84 II b 2, der den öffentlichen Zweck nicht als zulässiges Kriterium zur Bestimmung der öffentlich-rechtlichen Körperschaften ansieht. Gleiches führt er in § 84 II b 3 für hoheitliche Befugnisse aus, wenn er öffentlichen Körperschaften nur für den Regelfall hoheitliche Befugnisse einräumt.

123 Vgl. *Fuß*, DÖV 1961, S. 738; *Martens*, Öffentlich als Rechtsbegriff, S. 140 ff.; *Peters*, VVDStRL 11 (1954), S. 187; *Quaritsch*, Kirchen und Staat, S. 305 ff.; *Thieme*, AöR 80 (1955/56), S. 426 f.; *Weber*, Religionsgemeinschaften, passim; *Wolff*, in: Wolff / Bachof, Verwaltungsrecht II, § 84 III b 3.

124 Siehe *Friesenhahn*, HdbStKirchR, Bd. 1, S. 566 ff.; *Schlief*, HdbStKirchR, Bd. 1, S. 299; vgl. auch die Aufzählung der Kirchen als Körperschaften bei *Maunz*, in: Maunz / Dürig / Herzog, Art. 140 (Art. 137 WRV), Rdnr. 30.

125 S. 50 f.

mit Hilfe dieses organisationsrechtlichen Terminus organisatorisch in den Staat zu integrieren, insbesondere also nicht dazu, sie zu Trägern mittelbarer Staatsverwaltung zu machen. Sie sind auch als Körperschaften des öffentlichen Rechts nicht errichtet worden, um Staatsaufgaben wahrzunehmen; mit diesem Ausdruck und dem damit verbundenen staatsrechtlichen Gehalt soll ihnen vielmehr lediglich die Möglichkeit eröffnet werden, ihre eigenen Aufgaben mit Hilfe hoheitlicher Befugnisse wahrzunehmen.

Diese Doppelfunktion des Körperschaftsbegriffs, die man auch als dessen formelle und materielle Seite bezeichnen kann[126], ist für Religionsgesellschaften aus historischen, aber auch aus sachlichen Gründen geboten. Historisch diente der Körperschaftsbegriff als Fachausdruck der Wissenschaft des 19. Jahrhunderts zur Kennzeichnung der Verbandsstruktur des staatlichen Raumes[127]. Mit der Wahl desselben Ausdrucks durch die Weimarer Verfassung wurde er mit seiner Einführung zum Problembegriff, weil er wissenschaftlich an sich dahin definiert war, daß Staatsaufgabe und Eingliederung in den Staatsverband zu Merkmalen des Begriffes „Körperschaft" gehörten[128]. Demgegenüber ging es bei den Religionsgemeinschaften eigentlich nur darum, ihnen mit Hilfe dieses besonderen Status hoheitliche Befugnisse, wie etwa das Besteuerungsrecht, zu übertragen, die nur kraft staatlicher Verleihung rechtliche Außenwirksamkeit erlangen konnten, im wesentlichen aber nicht staatlichen, sondern kirchlichen Zwecken dienten[129].

Während es bei dieser Abschichtung des Körperschaftsbegriffs um die staatsrechtliche Struktur und den weltlichen normativen Gehalt dieses Rechtsbegriffs geht, wird der Körperschaftsbegriff auch aus kirchenrechtlicher Sicht dazu verwandt, um die kirchliche Gewalt als *öffentliche* oder *hoheitliche* zu charakterisieren. Der Schluß geht dahin, kirchliche Handlungsweisen als öffentliche oder hoheitliche zu begreifen, *weil* die Kirchen Körperschaften des öffentlichen Rechts sind. Kirchliche Dienstverhältnisse und kirchliche Zucht sind damit lediglich Emanationen der hoheitlichen Gewalt[130].

---

[126] Siehe *Weber*, Religionsgemeinschaften, S. 56.

[127] Vgl. *Quaritsch*, Kirchen und Staat, S. 306.

[128] *Anschütz*, Die Verfassungs-Urkunde für den preußischen Staat, S. 300 f.; *Quaritsch*, Kirchen und Staat, S. 306; *Rudolf*, Verwaltungsorganisation, S. 429; vgl. zu den Kirchen speziell *Martens*, Öffentlich als Rechtsbegriff, S. 141.

[129] Vgl. dazu und zur Geschichte des allgemeinen und kirchlichen Körperschaftsbegriffes *Forsthoff*, Lehrbuch, S. 429 f.; *Friesenhahn*, HdbStKirchR, Bd. 1, S. 545 ff.; *Quaritsch*, Kirchen und Staat, S. 306 ff.; *Weber*, Religionsgemeinschaften, S. 56 ff.

[130] Siehe OLG Hamburg, DVBl. 1955, S. 62; *Fuß*, DÖV 1961, S. 738; *Quaritsch*, Kirchen und Staat, S. 305; *Thieme*, AöR 80 (1955/56), S. 426.

Hier wird das etatistische durch ein kirchliches Vorverständnis ersetzt. Der verfassungsrechtliche Körperschaftsbegriff wird in den Dienst der gegenteiligen Auffassung gestellt. Aber auch diese Argumentation ist weder historisch noch sachlich geboten. Sie hat ontologischen Charakter, indem sie die Verfügbarkeit des staatlichen Gesetzgebers über seine Rechtsbegriffe in Frage stellt. Es wird vorausgesetzt, daß die Hoheitsgewalt nicht Übertragung relativer und punktueller Herrschaftsmacht, sondern absolute und damit staatlich nicht mehr steuerbare Herrschaftsbefugnis ist, die sich *überdies* für einzelne Bereiche besonders konstituiert habe.

Dieser kirchenorientierte wie auch der staatsorientierte Körperschaftsbegriff gehen von einem wissenschaftlich vorgegebenen (materiellen) Körperschaftsbegriff aus und leiten Rechtsfolgen daraus ab[131], setzen mithin ein unterschiedliches Vorverständnis bereits voraus. Selbst wenn der Verfassungsgeber bei der Wahl des Ausdrucks Körperschaft eine von der wissenschaftlichen Kennzeichnung vorgeprägte Vorstellung hatte, was angesichts der kontroversen Auffassung schon höchst zweifelhaft scheint, so hat er diese gleichwohl ausdrücklich nicht kodifiziert. Ein Denkverbot, einen anderen als jenen Gehalt des Körperschaftsbegriffes bei der Rechtsetzung durch den Gesetzgeber oder andere Rechtsetzungs- und Rechtsanwendungsorgane zugrundezulegen, hat er nicht aufgestellt. Der Staat ist also nicht gehalten, die Rechtsstellung der Religionsgesellschaften, wenn er sie als Körperschaften des öffentlichen Rechts anspricht, auf jenen, für den staatlichen Bereich charakteristischen Status der Körperschaften zu beschränken. Vielmehr kann er den Religionsgesellschaften und ihren Angehörigen über die Transformationsklausel „Körperschaft des öffentlichen Rechts“ weitere Rechte einräumen, wenn dies auch ansonsten verfassungsgemäß ist. Soweit der Körperschaftsbegriff in einfachen Gesetzen zur Kennzeichnung staatlich erfaßter Institutionen dient, ergibt sich erst aus diesem Zusammenhang, ob die Religionsgesellschaften mit erfaßt sind oder nicht.

Die Bedeutung der verfassungsrechtlichen Garantie des Art. 137 Abs. 5 Satz 1 WRV liegt dagegen darin, daß der Staat den Kirchen überhaupt den Status öffentlich-rechtlicher Körperschaften *verliehen hat*. Deshalb ist es zunächst einmal müßig, der Streitfrage nachzugehen, ob und in welchem Umfange die Religionsgemeinschaften Träger abgeleiteter Staatsgewalt sind und Staatsaufgaben wahrnehmen. Auch wenn sich die Kirchen von solchen Körperschaften unterscheiden mögen, die um der Erledigung von Staatsaufgaben willen errichtet werden, so

[131] Vgl. dazu *Hesse*, Rechtsschutz, S. 67; *Mikat*, Kirchen und Religionsgemeinschaften, S. 161; *Peters*, VVDStRL 11 (1954), S. 187; *Weber*, Religionsgemeinschaften, S. 57 f.

ist doch hervorzuheben, daß sie, soweit sie als Organisationseinheit angesprochen werden, Körperschaften des öffentlichen Rechts bilden[132]. Dies gilt auch insoweit, als sie als Dienstherren öffentliche Dienstverhältnisse begründen und Ämter verleihen.

Wenn nun der Gesetzgeber in § 539 Abs. 1 Nr. 13 RVO den Begriff der öffentlich-rechtlichen Körperschaft zur Kennzeichnung der Adressaten einführt, denen er Unfallversicherungsschutz gewähren will, so sind mangels ausdrücklicher positiv-rechtlicher Ausnahmen, *alle* öffentlichen Körperschaften erfaßt, unabhängig davon, wie man den Begriff außergesetzlich definieren mag. Bei einem einschränkenden Vorverständnis bezüglich der Bedeutung dieses Ausdrucks würde man den Staat, hier also den Gesetzgeber, in seiner Zurechnungswahl beschneiden. Vor allem aber wäre der auch für den rudimentären Rest der Gemeinsamkeit aller Zurechnungssubjekte einheitliche Körperschaftsbegriff aufgegeben zugunsten je verfassungsspezifisch und einfachgesetzlich geprägter besonderer Körperschaftsbegriffe, die nicht mehr in Kongruenz zu bringen wären.

Auch wenn die Staats- und Verwaltungsrechtsdogmatik einen materiell anderen Körperschaftsbegriff entwickelt hat, vermag dies die gesetzliche Zuerkennung eines öffentlichen Rechtsstatus nicht zu derogieren. Eine anhand der Aufgaben vorgenommene inhaltliche Verengung des Körperschaftsbegriffs würde jedenfalls den gesetzlichen Vorschriften widersprechen. *Bei der eindeutigen Formulierung des § 539 RVO, der unterschiedslos von Körperschaften des öffentlichen Rechts spricht, sind daher alle Körperschaften, wie sehr sie sich auch in ihrer jeweiligen Ausgestaltung unterscheiden mögen*[133]*, erfaßt.* Das Ergebnis ist mithin dahin zu formulieren, daß auch die Diözesen der katholischen Kirche Körperschaften im Sinne des § 539 Abs. 1 Nr. 13 RVO sind.

III. Körperschaftsstatus und Aufgabe

Ebensowenig wie man von der Aufgabe auf den Rechtscharakter einer öffentlich-rechtlichen Körperschaft schließen kann, ist der Rückschluß von dem Körperschaftsstatus auf die Aufgabe zugelassen. Aus der Tatsache, daß auch Diözesen der katholischen Kirche als öffentlich-rechtliche Körperschaften im Sinne der Unfallversicherung anzusehen sind, folgt also nicht, daß ihnen bei Wahrnehmung aller ihrer Aufgaben der staatlich gewährte Sonderstatus und seine Rechtsfolgen zukommen.

---

[132] Vgl. *Friesenhahn*, HdbStKirchR, Bd. 1, S. 548 ff.; *Mikat*, Kirchen und Religionsgemeinschaften, S. 161; *Weber*, Religionsgemeinschaften, S. 58.

[133] Vgl. zu diesem Zusammenhang auch *v. Campenhausen*, Staatskirchenrecht, S. 93 ff.; *Quaritsch*, Kirchen und Staat, S. 306; *Weber*, Religionsgemeinschaften, S. 56 ff.

Gerade wegen der Aufgabendivergenz ist zugleich darauf zu achten, ob und wieweit die Religionsgemeinschaften in dem vom Gesetzgeber markierten öffentlich-rechtlichen, d. h. die Kirchenrechtsautonomie überschreitenden Bereich tätig werden. Bei den Kirchen, die multifunktionale Aufgaben zu erfüllen haben, gibt also erst die staatliche Inbezugnahme der Aufgabe und ihrer Wahrnehmung an, ob sie öffentlich-rechtlicher Regelung und deren Rechtsgestaltung unterliegt.

Die Rechtsform allein prägt die Natur kirchlicher Maßnahmen nicht[134]. Sie verleiht der Kirche lediglich die potentielle Rechtsmacht, ihre Aufgaben selbst mit Hilfe staatlicher Zwangsmittel wahrzunehmen. Hoheitliche Befugnisse sind traditionell zwar mit dem Rechtscharakter öffentlicher Körperschaften verbunden, sie sind aber zugleich nicht ausschließlich konstituierendes Merkmal ihrer Betätigung. Insoweit gilt für die Kirche nichts anderes als für den Staat. Da selbst der Staat und seine Untergliederungen am öffentlichen und privaten Rechtsverkehr teilnehmen können, legt erst die einzelne Maßnahme selbst fest, ob sie dem öffentlichen oder dem privaten Recht zuzurechnen ist. Das ganze Abgrenzungsproblem zwischen öffentlich-rechtlichen und privatrechtlichen Streitigkeiten wäre obsolet, hätte man in dem rechtlichen Status des Handelnden oder seines Trägers einen Maßstab dafür, welchen rechtlichen Charakter die wahrgenommene Aufgabe hat[135].

Selbst wenn man davon ausgehen wollte, daß öffentlich-rechtliche Körperschaften stets öffentlichen Zwecken dienen — so *Hans J. Wolff*[136], allerdings unter dem weiteren Vorbehalt, soweit sie als solche angesprochen seien — so kann dieser öffentliche Zweck gleichwohl zur Begriffsbestimmung der öffentlich-rechtlichen Körperschaften nicht herangezogen werden. Dies zeigt auch der Blick auf solche *privatrechtlich* organisierte Vereinigungen, wie etwa Innungsverbände, die öffentlich-rechtliche Aufgaben wahrnehmen[137], gleichwohl aber privatrechtlich organisiert sind.

Genausowenig wie der Rechtsstatus den Rechtscharakter der Handlung kennzeichnet, gibt aber die Rechtsform der Handlung im rechtsrelevanten Raum an, ob eine öffentlich-rechtliche oder sonstige Tätigkeit vorliegt. Hier macht die Verwaltungsrechtsdogmatik deutlich, daß der öffentlich-rechtliche Charakter staatlichen und staatsgegliederten Verhaltens nicht durch die Wahl der angenommenen Rechtsformen beeinflußt wird[138].

---

[134] Vgl. dazu mit Beispielen *Maunz*, BayVBl. 1957, S. 4 f.; *Quaritsch*, Kirchen und Staat, S. 308.

[135] *v. Münch*, Verwaltung und Verwaltungsrecht, S. 15 f.; *Pestalozza*, „Formenmißbrauch" des Staates, S. 163 f.

[136] *Wolff*, in: Wolff / Bachof, Verwaltungsrecht II, § 84 II b.

[137] *Wolff*, in: Wolff / Bachof, Verwaltungsrecht II, § 84 II b 2.

Um die Relativität von (öffentlich-)rechtlichen Institutionen und ihren Maßnahmen vollends darzutun, mag nur noch darauf hingewiesen werden, daß selbst die Wahrnehmung öffentlicher Gewalt nicht an den öffentlich-rechtlichen Status gebunden ist. Die Rechtsfigur des beliehenen Unternehmers reicht als Beleg dafür aus[139], daß auch Privatpersonen partiell der öffentlich-rechtliche Status zukommen kann. Auch im Staatskirchenrecht lassen sich aus dem öffentlich-rechtlichen Sonderstatus mithin Privilegien nicht ableiten, sondern mit diesem Status und vermittelt durch ihn läßt sich staatlich bzw. staatsrechtlich relevantes Handeln lediglich normativ erfassen[140]. Das Handeln einer juristischen Person des öffentlichen Rechts ist als öffentlich-rechtlich nur charakterisierbar, wenn es Wahrnehmung einer staatlichen Aufgabe im Einzelfall ist. Dies ist eine Erkenntnis des axiomatischen Satzes, daß Recht sich in der Relativität von Rechtsbeziehungen entfaltet.

Dieser Satz läßt sich für den vorliegenden Zusammenhang mit logischen Gründen belegen. Das partielle Vorkommen hoheitlicher Befugnisse und hoheitlicher Aufgaben öffentlicher Körperschaften, auch wenn es mit großer Regelmäßigkeit und hoher Häufigkeitsdichte auftritt, läßt nicht den Schluß zu, daß dies immer so wäre oder so sein müsse. Definiert man die öffentliche Körperschaft durch die öffentlichen Aufgaben, so ist dies eine These, die für jede Körperschaft gilt.

Eine solche These kann in der Rechtswirklichkeit wahr oder falsch sein. Sagt man nun von einer Körperschaft oder einer Summe von Körperschaften, sie nähmen — tatsächlich — auch hoheitliche Aufgaben wahr, so ist dies eine Existenzaussage, bezogen auf die rechtliche Wirklichkeit. Eine oder eine Summe von Existenzaussagen läßt aber nicht den Schluß auf eine Allaussage in dem Sinne zu, daß die Rechtswirklichkeit auch künftig so gestaltet sein müsse. Eine solche Aussage ist also niemals logisch zwingend in dem Sinne, daß sie nicht jederzeit widerlegt werden könnte. Deshalb ist auch die Folgerung, Körperschaften übten hoheitliche Befugnisse aus, weil dies regelmäßig so sei, für den Einzelfall logisch nicht geboten. Da das Recht außerdem der gesetzgeberischen Verfügungsbefugnis überantwortet ist, kann es den Aufgabenbereich öffentlicher Körperschaften jederzeit anders bestimmen.

Der Gesetzgeber geht in § 539 Abs. 1 Nr. 13 RVO nicht davon aus, daß die Körperschaft durch die öffentlichen Aufgaben allein und hinrei-

---

138 Vgl. *Erichsen / Martens*, Das Verwaltungshandeln, S. 225 ff.; *v. Münch*, Verwaltung und Verwaltungsrecht, S. 15; *Pestalozza*, „Formenmißbrauch" des Staates, S. 158 ff.

139 Vgl. stellvertretend *Wolff*, in: Wolff / Bachof, Verwaltungsrecht II, § 104.

140 Vgl. *Friesenhahn*, HdbStKirchR, Bd. 1, S. 548 ff.; *Quaritsch*, Kirchen und Staat, S. 308 unter Hinweis auf die Rundfunkentscheidung des Bundesverfassungsgerichts, BVerfGE 7, 99 (104).

chend definiert ist, da er ansonsten nicht mehr genötigt gewesen wäre, den Versicherungsschutz auf die ehrenamtlich Tätigen zu beschränken. So richtig die Betonung ist, daß den Kirchen kein öffentlich-rechtlicher Gesamtstatus zukomme[141], so bedeutsam erscheint die Feststellung, daß die Annahme, Kirchen könnten nur insoweit am staatlichen Sonderrecht partizipieren, als auf sie hoheitliche Befugnisse übertragen werden, die Sicht verengt[142].

Diese vom Errichtungszweck der öffentlich-rechtlichen Körperschaft getragene Vorstellung übersieht nämlich, daß es der gesetzgeberischen Entscheidung anheimgegeben ist, wann und mit welchem Inhalt die Kirchen über ihren rein innerkirchlich-religiösen Auftrag hinaus Adressaten staatlicher Regelungen sind. Richtig ist vielmehr nur, daß die Kirchen, soweit sie hoheitliche Aufgaben wahrnehmen, vom Staat abgeleitete Gewalt ausüben[143].

Geht man vom Idealbild einer generellen Kongruenz von körperschaftlichem Rechtsstatus und öffentlichen Aufgaben aus, wie dies allgemeiner Neigung zu entsprechend scheint, so sind bei den Kirchen im Einzelfall noch weitergehende Identitätskriterien erforderlich als beim Staat oder seinen Untergliederungen. Neben den allgemeinen Schwierigkeiten, die der Rechtsbegriff Körperschaft des öffentlichen Rechts bereits im genuin staatlichen Bereich mit sich bringt, läßt sich der Rechtsstatus der Kirchen durch die für das Staats- und Verwaltungsrecht allgemein entwickelte Terminologie kaum sachgerecht erfassen[144], weil er vom körperschaftlichen Regeltyp dadurch abweicht, daß die Kirchen nicht zum Zwecke der Erfüllung öffentlicher Aufgaben im Staate errichtet worden sind.

Für die sozialversicherungsrechtliche Frage bedeutet dies, daß kirchliche Amtswalter — immer — für eine Körperschaft des öffentlichen Rechts tätig werden; wobei jeweils noch zu untersuchen ist, ob sie auch im Grenzfall eine von diesem Sonderrechtsstatus getragene Aufgabe erfüllt haben.

IV. Öffentliche und staatliche Aufgaben

Bei dem Begriff der Aufgabe gilt es sorgfältig darauf zu achten, daß nicht infolge eines über den positivierten Normgehalt hinausgehenden staatsrechtlichen (oder vom Körperschaftsbegriff getragenen) Vorver-

---

141 *Martens*, Öffentlich als Rechtsbegriff, S. 145.

142 *Martens*, Öffentlich als Rechtsbegriff, S. 146.

143 *Quaritsch*, Kirchen und Staat, S. 305.

144 Vgl. auch BVerfGE 18, 385 ff., wonach öffentliche Gewalt i.S.d. § 90 Abs. 1 BVerfGG nicht rein innerkirchliche Maßnahmen umfaßt; siehe auch *Martens*, Öffentlichkeit als Rechtsbegriff, S. 147.

ständnisses die Bedeutung dieses Ausdrucks vorschnell dogmatisch belastet wird.

Der Begriff der Aufgabe dient zur Kennzeichnung staatlicher Befugnisse und staatlichen Sonderrechts, wobei anzumerken ist, daß Befugnisse und Sonderrechte sich unabhängig von staatlicher Organisation und des sie prägenden Organisationsrechts auch im nicht-staatlichen Bereich kräftig entfalten. Dabei ist naturgemäß auch die Frage der Abgrenzung des staatlichen vom nicht-staatlichen — hier: kirchlichen — Aufgabenbereich aufgeworfen. Um hier eine eindeutige Zurechnung zu ermöglichen und jene, die „öffentlich-rechtliche" oder „privatrechtliche" Rechtsnatur konstituierenden Bedingungen zu erfassen[145], stellt man die Abgrenzung der staatlichen von den öffentlichen Aufgaben und die daraus sich ergebenden Rechtsfolgen in den Vordergrund[146]. Diese Grenzziehung soll mit Hilfe einer Staatsfunktions- und Staatsaufgabenbeschreibung ermittelt werden[147]. Bei dem hier in Frage stehenden staatskirchenrechtlichen Zusammenhang darf für den Standort und Aussagewert der Diskussion allerdings eines nicht übersehen werden: Die „Abschichtung von staatlichen und öffentlichen Aufgaben"[148], die neben den privaten Angelegenheiten stehen sollen, ist Gegenstand der Erörterungen über die Erfüllung staatlicher Verwaltungsaufgaben durch Private[149].

Während also einmal der Staat seine Organisationsform zur Verfügung stellt, um eigene Angelegenheiten Privater erfüllen zu *helfen*, geht es hier um die Wahrnehmung genuin staatlicher Aufgaben *durch* Private. Angesichts dieses Befundes drängt sich allerdings die Frage auf, wie man nun noch *staatliche* Aufgaben, wahrgenommen in der Rechtsform des staatlichen Sonderrechts, aber auch des privatrechtlichen Allgemeinstatus, auf der einen und *eigene privatrechtliche,* d. h. *kirchliche* Aufgaben, wahrgenommen im privatrechtlichen, aber auch staatlichen Sonderrechtsstatus, auf der anderen Seite unterscheiden und kategorisieren soll. Letztlich geht die Frage dahin, ob der Ausdruck „Aufgabe" bei dieser Vielfalt seines Gebrauchs überhaupt noch etwas über das Verhältnis Staat—Kirche auszusagen und kirchliche Betätigungen als der staatlichen Regelung zugänglich zu charakterisieren vermag.

Die Formulierung einer Abschichtung staatlicher und öffentlicher Aufgaben von privaten Angelegenheiten legt die Vermutung nahe, es

---

[145] Wollte man die Terminologie weiter verfeinern, würde dies wohl eher Verwirrung stiften. Deshalb sei zur Kennzeichnung des Problems die alte Unterscheidung zwischen öffentlichem und privatem Recht herangezogen.

[146] Vgl. *Ossenbühl,* VVDStRL 29 (1971), S. 151.

[147] Vgl. *Ossenbühl,* VVDStRL 29 (1971), S. 151.

[148] Vgl. *Ossenbühl,* VVDStRL 29 (1971), S. 151.

[149] *Ossenbühl,* VVDStRL 29 (1971). S. 151.

seien damit *alle* staatlichen Aufgaben angesprochen, die Privatpersonen zur Wahrnehmung zugewiesen oder — auch stillschweigend — überlassen sind[150]. Sieht man aber näher hin, so ist nicht zuletzt der wohl unfruchtbare Streit über den Vorwurf des „etatistischen Denkens"[151] oder der „Hybris subsidiaristischer Mißverständnisse"[152] und ähnlicher Dispositionsangaben darauf zurückzuführen, daß hier um primär sich aus der Verfassungsordnung ergebende Aufgaben gestritten wird, die der Staat wahrzunehmen hat[153] und die er im Wege der Verwaltungspflicht oder der Verwaltungsobliegenheiten auf Private übertragen kann[154]. Sind in diesem Bereich Verwaltungs-, d. h. Staatsaufgaben auf Private übertragen — oder gar überbürdet[155] — worden, so stellen sich eine Reihe öffentlich-rechtlicher Fragen, wie etwa die der Zurechnung, Verantwortlichkeit, Haftung, aber auch solche nach Rechtsschutz, Aufsicht und Weisungsbindung[156]. Diese Fragen werfen, soweit eine Ausübung hoheitlicher Gewalt im Außenverhältnis auf die betroffenen Bürger gegeben ist, Probleme auf. Bei der Abgrenzung der staatlichen oder öffentlichen Aufgaben von den privaten aber ist allein die Limitierung der Zulässigkeit einer Übertragung staatlicher Aufgaben auf Privatpersonen, nämlich der Schutz des grundrechtsrelevanten Eingriffsbereichs, von rechtlichem Belang.

Grenzt man hier zwischen staatlichen und öffentlichen Aufgaben ab, so mag zwar die lineare Grenzziehung zwischen staatlichen und öffentlichen Aufgaben schwierig sein[157], gleichwohl handelt es sich um Aufgaben, die wahrzunehmen eine öffentlich-rechtliche Berechtigung oder eine entsprechende Verpflichtung ist, die jeweils aus einem staatsrechtlichen Bedürfnis heraus begründet werden und deren Grenze im Eingriffsbereich die Grundrechte sind[158]. Die wahrzunehmende Aufgabe jedenfalls geht auf den Staat zurück, sie ist Staatsaufgabe, die im Wege oktroyierter Delegation zur Wahrnehmung an den Bürger verwiesen ist.

Ganz anderen Kriterien dagegen folgt die Wahrnehmung öffentlich-rechtlicher Funktionen durch die Religionsgemeinschaften. Hier geht es nicht um grundrechtsbegrenzte oder aus staatlichem Bedürfnis geborene Wahrnehmung von Aufgaben, sondern vielmehr um die Erweiterung der Rechtsstellung durch Zuweisung (bei Zugrundelegung der

---

150 Vgl. *Maunz*, Der öffentliche Charakter der kirchlichen Aufgaben, S. 233.

151 *Peters*, Öffentliche und staatliche Aufgaben, S. 884.

152 *Zacher*, DÖV 1964, S. 683.

153 *Ossenbühl*, VVDStRL 29 (1971), S. 153 f.

154 So die Terminologie von *Forsthoff*, Lehrbuch, S. 178 f.

155 Vgl. *Ossenbühl*, VVDStRL 29 (1971), S. 155.

156 Vgl. *Ossenbühl*, VVDStRL 29 (1971), S. 157.

157 Vgl. *Ossenbühl*, VVDStRL 29 (1971), S. 157.

158 Vgl. *Ossenbühl*, VVDStRL 29 (1971), S. 154 ff.

Unterscheidung von Eingriff und Leistung um die „Leistung") öffentlicher Zuständigkeiten. Es wird somit das staatliche Rechtsinstrumentarium zur Verfügung gestellt, um *kirchliche* Angelegenheiten, die primär nicht staatlicher Rechtsnatur sind, effektiver durchführen zu können. Greift man zur Beschreibung dieses rechtlichen Vorgangs auf die staatsrechtliche Terminologie zurück, so werden staatlicherseits Rechtsverwirklichungsnormen geschaffen[159], um die materiellen kirchlichen Aufgaben zu erledigen. Es steht hier also nicht der grundrechtsbegrenzte Schutzbereich der Religionsgemeinschaften, sondern ihr über den Grundrechtsschutz hinaus verfassungsgewährleisteter Sonderstatus in Frage.

Der Sonderstatus der Kirchen ist eine Staatsleistung an die Kirchen[160], bei der Grundrechtseingriffe auch im Recht der Sozialversicherung nicht zu befürchten sind. Das Verhältnis Staat—Kirche, wie es im Staatskirchenrecht seinen Ausdruck findet, erweist sich als weiterer „Meilenstein", an dem sich die Gemengelage zwischen Staat und Gesellschaft, deren jeweilige Subsysteme Staat und Kirche sind, manifestiert[161]. Die von dem Sonderstatus der Kirchen getragenen öffentlich-rechtlichen Aufgaben der Kirchen sind daher von ihrer Zweckbestimmung her betrachtet letztlich keine staatsbezogenen, sondern kirchenbezogene Aufgaben. Das Staatskirchenrecht ist mithin nicht Thema und nicht gekennzeichnet durch den weiten Beratungsgegenstand der Staatsrechtslehrertagung 1970 „Die Erfüllung von Verwaltungsaufgaben durch Private"[162], sondern hier stellt umgekehrt der Staat seine Handlungsformen und damit seine Hilfe zur Erfüllung kirchlicher Aufgaben zur Verfügung. Der Staat fördert und garantiert also die — in der Welt tätige — Kirche in mehrfacher Weise.

Der staatlich gewährleistete Sonderstatus zur Wahrnehmung kirchlicher Aufgaben vermag dabei mit Hilfe einer axiomatischen Festlegung auf Staatsfunktionen und Staatsaufgaben, die sich aus der Verfassung ergeben[163], den kirchlichen Aufgabenkreis nicht zu beschreiben; dies mag allenfalls für den staatlichen Aufgabenbereich zutreffen. Der Körperschaftsstatus ist also, wie es *Quaritsch*[164] ausgedrückt hat, das Mittel

---

[159] Dazu *Burckhardt*, Die Organisation der Rechtsgemeinschaft, S. 130; *Böckenförde*, Die Organisationsgewalt im Bereich der Regierung, S. 86 f.; *Forsthoff*, Lehrbuch, S. 437 f.

[160] Vgl. *Brauns*, Staatsleistungen an die Kirchen, passim; *Mikat*, Kirchen und Religionsgemeinschaften, S. 224; *Schnapp*, ZevKR 14 (1968/69), S. 362.

[161] Vgl. *Ossenbühl*, VVDStRL 29 (1971), S. 150; zum Problem der verschiedenen sozialen Systeme in der Gesellschaft *Luhmann*, Rechtssoziologie, S. 133.

[162] Siehe die Berichte von *Ossenbühl* und *Gallwas*, VVDStRL 29 (1971), S. 137 ff. und S. 211 ff.

[163] Siehe *Ossenbühl*, VVDStRL 29 (1971), S. 153.

[164] *Quaritsch*, Kirchen und Staat, S. 306.

für die Rechtsfähigkeit im staatlichen Bereich, und zwar nicht deklaratorisch, sondern konstitutiv[165]. „Körperschaft" und „Aufgabe" sind Zweck- und nicht Wesensbegriffe. Sie beziehen ihren Inhalt daher, daß sie eine partielle Rechtsfähigkeit im Staat vermitteln. Sie sind Ausdruck eines Verfassungsverständnisses, das den Kirchen in einer zeitlich faßbaren historischen Situation Rechtsmacht verleiht, die über den allgemeinen privatrechtlichen Status hinausreicht[166].

Die Wahrnehmung staatlicher Handlungsformen muß zwar immer staatlich zugelassen sein, aber keinesfalls immer staatlichen Zwecken dienen. Wird der Begriff der „Aufgabe" verwandt, so ist er zu schillernd und damit zu wenig brauchbar, um den Staat als Subsystem aus der Gesellschaft auszugliedern. Aus ihm läßt sich nicht extrahieren, ob er die materiell-rechtlichen Rechtsinhalte oder — jedenfalls unter Umständen — auch die zur Durchführung erforderlichen Handlungsformen meint.

V. Eigene Angelegenheiten der Kirchen und ihnen übertragene staatliche Befugnisse

Die Relativität und Verfügbarkeit staatlicher Begriffe und ihrer Bedeutung ist insbesondere für das Staatskirchenrecht und die Verortung kirchenrechtlicher Vorschriften im Recht der gesetzlichen Unfallversicherung hervorzuheben. Der Staat kann zwar bestimmen, was er in seinem Rechtssystem als öffentliche Aufgabe ansehen und in welchem Umfang er seine Rechtsformen zur Verfügung stellen will, welcher Art die Aufgaben innerkirchlich sind und wer sie innerkirchlich wahrzunehmen hat, aber vermag er nicht zu reglementieren[167]. Da die Art der Aufgaben und die Form ihrer Wahrnehmung nicht kongruent sein müssen, läßt sich auch der einschlägigen staatlichen Handlungsform nur dann etwas entnehmen, wenn sie mit dem normierten materiellen Regelungsinhalt deckungsgleich ist. Dieser aber ergibt sich allein aus der Rechtsordnung. Ob man also die Begriffe „öffentliche" und „staatliche Aufgaben" als verbale Transformationsklausel zur Kenntniszeichnung graduell unterschiedlicher Aufgaben einführen will[168], mag als Abbreviatur nützlich sein, ihr staatsrechtsrelevanter Aussagegehalt aber ergibt sich allein aus dem Gesetz.

[165] Zur historischen Funktion vgl. *Quaritsch*, Kirchen und Staat, S. 306; zum konstitutiven Charakter staatlicher Anordnungen (da selbst Verwaltungsakt) vgl. *Freitag*, DVBl. 1976, S. 11 f.

[166] Siehe *Friesenhahn*, HdbStKirchR, Bd. 1, S. 549; *Quaritsch*, Kirchen und Staat, S. 307; *Scheuner*, HdbStKirchR, Bd. 1, S. 74 ff.

[167] Vgl. *Maunz*, Der öffentliche Charakter der kirchlichen Aufgaben, S. 235; *Scheuner*, HdbStKirchR, Bd. 1, S. 79 ff., der die Unterscheidung innerer und äußerer kirchlicher Angelegenheiten als unbrauchbar ansieht.

[168] Vgl. *Maunz*, Der öffentliche Charakter der kirchlichen Aufgaben, S. 234 ff.; *Ossenbühl*, VVDStRL 29 (1971), S. 151 ff.

Ist diese Gesetzesabhängigkeit aus Rechtsgründen axiomatisch vorgegeben, so hilft die Unterscheidung zwischen eigenen und staatlichen Angelegenheiten[169] zur Bestimmung des öffentlich-rechtlichen Charakters der Kirchen nicht weiter, soweit eigene Angelegenheiten mit Hilfe staatlicher Rechtsformen wahrgenommen werden. Die Kirchen sind nicht als Körperschaften des öffentlichen Rechts gebildet worden, um öffentlichen (staatlichen) Zwecken zu dienen, sondern um als Körperschaften des öffentlichen Rechts eigene Angelegenheiten durchzuführen. Insofern sind sie durchaus den Parteien vergleichbar, die ebenfalls einen Öffentlichkeitsauftrag haben und ihn nach außen verfolgen.

Der Unterschied gerade zu den Parteien aber ist darin zu suchen, daß der Öffentlichkeitsauftrag der Kirchen nicht staatlich, sondern kirchlich definiert und vorgegeben ist. Deshalb scheint es auch nicht richtig zu sein, alle *eigenen* Angelegenheiten der Kirchen zu öffentlichen im Sinne staatlicher Rechtssätze zu machen[170]. Erst aus einzelnen staatlichen Regelungen kann sich ergeben, ob die wahrgenommene Aufgabe öffentlich im Sinne öffentlich-*rechtlicher* Qualifikation durch staatliche „Anerkennung“ ist. Unfallversicherungsrechtlich erfaßtes Handeln kirchlicher Bediensteter wird zu öffentlichem Handeln als Gegenstand staatlicher Regelung, soweit dies normativ bestimmt ist. Der Unfallversicherungsschutz kirchlicher Organwalter läßt sich also nur positivrechtlich bestimmen[171].

Neben dem Problem des Handelns der Kirchen als juristische Personen des öffentlichen Rechts, das hoheitlich im staatsrechtlichen Sinne nur zu nennen ist, soweit es um die Wahrnehmung staatlicher Aufgaben geht[172], und dem Handeln der Kirchen im kircheninternen Raum, ist im Recht der Unfallversicherung der Reichsversicherungsordnung eine andere Zurechnung auf einem weiteren rechtlichen Weg zu suchen. Es geht hier nicht um die privatrechtliche Zurechnung kirchlicher Betätigung zum Kirchenrecht oder die öffentlich-rechtliche Zurechnung kircheninternen Handelns zum staatlichen Recht und seinen Rechtsfolgen. Das Handeln von Kirchenmitgliedern für die Kirchen als Körperschaften des öffentlichen Rechts nimmt hier öffentlich-rechtlichen Charakter allein dadurch an, daß es Gegenstand sozialversicherungsrechtlicher und damit öffentlich-rechtlicher Regelung ist, eine Kenn-

---

169 *Ossenbühl*, VVDStRL 29 (1971), S. 151 ff. unterscheidet eigene und Verwaltungsangelegenheiten; zu diesem Zusammenhang siehe auch *Mikat*, Kirchen und Religionsgemeinschaften, S. 182 ff. und 193 ff.

170 So aber *Maunz*, Der öffentliche Charakter der kirchlichen Aufgaben, S. 239 f.

171 Zum Rechtsstatus siehe auch *Wolff*, in: Wolff / Bachof, Verwaltungsrecht II, § 84 II b.

172 *Quaritsch*, Kirchen und Staat, S. 308 f.

zeichnung, wie sie zur Bestimmung gerichtlicher Zuständigkeiten gem. §§ 13 GVG, 40 VwGO, 51 SGG zum dogmatischen Allgemeingut gehört.

Die Zuordnung zum Staat erfolgt hier also nicht über das Kriterium der Hoheitsgewalt, sondern vermittelt die Erfassung des Handelns kirchlicher Organwalter durch Rechtsnormen öffentlich-rechtlichen Rechtscharakters. Das „private" (nicht-staatliche) kirchliche Organisationsrecht wird kraft der Anknüpfung an den öffentlich-rechtlichen Körperschaftsstatus in § 539 Abs. 1 Nr. 13 RVO zum Gegenstand des öffentlichen Rechts. Die kirchlichen Dienste und Ämter unterliegen damit nicht allein kirchlicher, sondern auch staatlicher Regelungshoheit, soweit sie auch vom Staat mit Rechtsfolgen belegt werden. Die staatliche Regelung ergänzt die kirchliche Verbandsgewalt im Bereich der gesetzlichen Unfallversicherung.

Deshalb läßt sich auch die Unterscheidung zwischen reinen Kult- und sonstigen Handlungen, wie man sie glaubt treffen zu können[173], im Unfallversicherungsrecht nicht halten. Was als lediglich „reine" Kulthandlung bezeichnet wird, kann durchaus Amt im kirchenrechtlichen Sinne sein[174], ohne daß es damit zwangsläufig auch Amt im staatsrechtlichen Sinne wäre[175]. Eine außerpositive Unterscheidung von Kult- und sonstigen Tätigkeiten ist weder zum Gegenstand kirchenrechtlicher noch staats- oder versicherungsrechtlicher Regelung gemacht worden und damit ein für beide Rechtsbereiche unzureichender Beurteilungsmaßstab.

VI. Staatliche Unfallversicherungspflicht und kirchliche Organisationsgewalt

Die unfallversicherungsrechtliche Erfassung kirchlicher Ämter in § 539 Abs. 1 Nr. 13 RVO berührt naturgemäß die Ämterhoheit der Kirchen. Verfassungserheblich ist allerdings nicht die Frage, ob die Ämterhoheit berührt, sondern ob die Verfassungsgarantie des Art. 137 Abs. 3 Satz 2 WRV verletzt ist. Auch diese Frage läßt sich also nicht allein unter Hinweis auf die originäre Kirchengewalt, sondern nur durch Klarstellung des verfassungsrechtlich gewährleisteten Kernbereichs der Garantie beantworten.

Verleiht die Kirche gemäß Art. 137 Abs. 3 Satz 2 WRV ihre Ämter ohne Mitwirkung des Staates[176], so stellt sich auch ohne Anknüpfung

[173] Vgl. BSG, Urt. v. 18. 12. 1974, S. 2 und 4; diese Passagen sind in der amtlichen Sammlung, BSGE 39, 24 nicht abgedruckt.

[174] Vgl. Bayer. LSG, Breith. 62 (1973), S. 361 (364) unter Verweis darauf, daß die Liturgie amtlicher Gottesdienst (cultus publicus) ist.

[175] Auch wenn es durch gleiche oder ähnliche Kriterien wie das staatliche Amt definiert sein sollte. Zum Problem der empirischen Wirksamkeit der Ämter, der Macht und „dem Übermut der Ämter" vgl. *Dreier*, Das kirchliche Amt, S. 70, 90, 105.

an eine originäre Kirchengewalt die Frage, ob in die kirchliche Ämterhoheit eingegriffen ist, wenn der Staat die Rechtsstellung kirchlicher Amtswalter staatlicher Regelung unterwirft. So wird es für den staatlichen Bereich als ganz selbstverständlich hingenommen und nicht weiter hinterfragt, daß der Staat nicht nur die außenwirksame Zurechnung der durch seine Amtswalter vermittelten Staatsakte regelt, sondern auch die Rechtsstellung seiner Organwalter[177].

Mit dem gleichen Selbstbestimmungsanspruch tritt aber auch die Kirche auf, wenn sie, etwa ausgestattet mit Dienstherrnfähigkeit, das Rechtsverhältnis zu ihren Geistlichen regelt. Bei einer konsequent zu Ende gedachten kirchlichen Dienst- und Ämterhoheit wäre das Problem der Kirchenämter im Recht der gesetzlichen Unfallversicherung in seinem rechtserheblichen Kern wieder zurückgeführt auf die Souveränitätsfrage und den Regelungskonflikt zwischen § 539 RVO und dem kirchlichen Amtsrecht. Insoweit hilft es also auch für das kirchliche Amtsrecht nicht weiter, es als nicht vom Staat verliehen zu betrachten und lediglich seine Anerkennung im weltlichen Bereich mit den daraus folgenden weltlichen Konsequenzen zu betonen[178]. Daß das kirchliche Amtsrecht schlechthin und letztlich ins Kirchenrecht verwiesen ist[179] und staatliche Rechtsnormen letztlich hier keine Geltung mehr beanspruchen können[180], erscheint angesichts der Tatsache überzogen, daß es dem Staat unbenommen bleibt, an die Tatsachen bestehender kirchlicher Ämter Rechtsfolgen zu knüpfen, deren Regelungsgrenze Art. 137 Abs. 3 Satz 2 WRV bildet.

Nehmen die Kirchen im öffentlich-rechtlichen Bereich kraft besonderer Verleihung hoheitliche Befugnisse wahr, so sind diese abgeleitet. Kommt ihnen lediglich kircheninterne Verbandsgewalt zu, so ist der innerkirchliche Geltungsbereich gewahrt. Gehen die Rechtsstreitigkeiten dagegen vor die Verwaltungs- oder anderen staatlichen Gerichte, so ist das umstrittene Rechtsverhältnis von weltlicher Rechtsrelevanz und durch Staatsakt begründet[181]. Soweit die Kirchen im Rahmen der öffentlichen Gewalt hoheitliche Befugnisse wahrnehmen, handelt es sich um die Ausübung einer Gewalt, die vom Staat entlehnt ist. Daraus folgt,

---

176 Vgl. *v. Campenhausen*, Staatskirchenrecht, S. 119 ff. Zum kirchlichen Dienstrecht siehe *Frank*, HdbStKirchR, Bd. 1, S. 669 ff.; *Rüthers*, NJW 1976, S. 1920.

177 Vgl. *Schnapp*, Amtsrecht und Beamtenrecht, passim.

178 Vgl. *v. Campenhausen*, Staatskirchenrecht, S. 116; *Weber*, Religionsgemeinschaften, S. 112.

179 *v. Campenhausen*, Staatskirchenrecht, S. 116; *Weber*, Religionsgemeinschaften, S. 112.

180 *v. Campenhausen*, Staatskirchenrecht, S. 116; *Weber*, Religionsgemeinschaften, S. 112.

181 *Quaritsch*, Kirchen und Staat, S. 307.

daß sie jederzeit eingeschränkt, modifiziert oder entzogen werden kann. Übertragene Staatsmacht kann in dem Maße — dies gilt selbst für das Verfassungsrecht — zurückgenommen werden, wie sie übertragen worden ist.

Für den Sozialversicherungsschutz bedeutet dies, daß der staatliche Gesetzgeber, da er in § 539 Abs. 1 Nr. 13 RVO nicht in die Befugnis zur Verleihung kirchlicher Ämter nach Art. 137 Abs. 3 Satz 2 WRV eingreift, an bestehende kirchliche Ämter die Rechtsfolge des gesetzlichen Unfallversicherungsschutzes knüpfen kann. Auch die Ämterhoheit der Kirche steht also einer Unfallversicherungspflicht der kirchlichen Amtswalter nicht entgegen.

Man hat gelegentlich den Eindruck, und dies sei an dieser Stelle einmal besonders hervorgehoben, als baue die kirchenrechtliche Literatur selbst sich eine Fülle von Hindernissen auf, die eine Anwendung staatlichen Rechts bei einer konsequenten Fortschreibung dieser Auffassungen auch dort verhindern würde, wo sie auch aus kirchlichen Gründen geboten wäre[182]. Die Beschränkung auf die kirchliche Autonomie und das auf ihrer Grundlage geschaffene Recht führt damit zu einem Rangverlust kirchlichen Rechts und kirchlicher Interessen, wo er vom Staat weder vorgesehen noch beabsichtigt ist. Daß dieser Eindruck aber nur vordergründig richtig sein kann und es trotz aller Abschichtung letztlich um die Durchsetzung kirchlicher Interessen geht, zeigen etwa die Klagen auf Herbeiführung staatlichen Unfallversicherungsschutzes durch kirchliche Bedienstete.

---

[182] Vgl. *Dreier*, Das kirchliche Amt, S. 90, der darauf hinweist, daß die Kategorien des Rechtsstaates weithin nicht solche des Staates, sondern des Rechts sind.

Vierter Teil

Funktion und Begriff des Amtes im öffentlichen Recht

Unmittelbar geprägt durch die Aufgabe und die Art ihrer Wahrnehmung ist im öffentlichen Recht der Begriff des Amtes. Stand der Terminus „Amt“ ursprünglich für den Pflichtenkreis eines Menschen[183], so wird er verstärkt auch als Kennzeichnung institutionalisierter Aufgabenbereiche verwandt, die hoheitliche Wahrnehmungszuständigkeiten begründen. Von weiteren Bedeutungen abgesehen, kommt dem Amtsbegriff im Staatsorganisationsrecht in erster Linie die Funktion einer abgrenzenden Zuständigkeitsbeschreibung zu[184].

Diese Feststellung allein aber ist für die Klassifizierung des Unfallversicherungsschutzes kirchlicher Ämter nicht hinreichend. Diese lediglich an der Zuordnung ausgerichtete Amtsbestimmung vermag nämlich die Frage nicht zu klären, ob Unfallversicherungsschutz als Folge eines (öffentlichen) Arbeits- oder Dienstverhältnisses i.S.d. § 539 Abs. 1 Nr. 1 RVO oder aber zur sozialen Absicherung ehrenamtlich Tätiger i.S.d. § 539 Abs. 1 Nr. 13 RVO begründet wird. Vermag also der Ausdruck „Amt“ möglicherweise Anknüpfungspunkt verschiedener unfallversicherungsrechtlicher Tatbestände zu sein, nämlich „Hauptamt“ i. S.d. § 539 Abs. 1 Nr. 1 RVO oder „Nebenamt“ i.S.d. § 539 Abs. 1 Nr. 13 RVO, so ist es erforderlich, den Amtsbegriff nicht nur organisationsrechtlich, sondern auch in seinem dienst- oder statusrechtlichen Sinne zu erfassen[185]. Gleichwohl ist, insoweit über die gesetzliche Regelung hinausweisend, zuzugeben und festzuhalten, daß es organisationsrechtstheoretisch und aus Gründen sprachlicher Eindeutigkeit an sich sinnvoll wäre, den Ausdruck Amt nur im organisationsrechtlichen Sinne der Zurechnung zu verwenden[186]. Allerdings zeigt andererseits gerade die versicherungsrechtliche Inbezugnahme dieses Organisationsbegriffs, wie der organisationsrechtliche Gehalt in den statusrechtlichen überleitet. Organisationsrechtlicher Status kennzeichnet dabei die Zuordnung eines institutionalisierten Aufgabenbereichs zu einer Person[187]. Beschreibt der

[183] *Wolff*, in: Wolff / Bachof, Verwaltungsrecht II, § 73 I a.

[184] *Wolff*, in: Wolff / Bachof, Verwaltungsrecht II, § 73 I b; *Schnapp*, Amtsrecht und Beamtenrecht, S. 127 ff.

[185] *Dreier*, Das kirchliche Amt, S. 122; *Wolff*, in: Wolff / Bachof, Verwaltungsrecht II, § 109 I b; *Schnapp*, Amtsrecht und Beamtenrecht, S. 127 ff.

[186] *Dreier*, Das kirchliche Amt, S. 123.

amtsrechtliche Status den Status des Dienstnehmers[188], so bestimmt dieser zugleich auch dessen versicherungsrechtliche Rechtsstellung.

Vermittelt wird dem Amtswalter diese versicherungsrechtliche Sonderrechtsstellung nun wiederum durch das Amt im organisationsrechtlichen Sinne. Dies macht deutlich, wie problematisch und positiv-rechtlich sowie dogmatisch ungesichert die Scheidung von Dienst- und Organisationsrecht ist und auch im Recht der gesetzlichen Unfallversicherung zu einer strengen Trennung von organisatorischem Amt und individualrechtlichem Status jedenfalls bisher nicht geführt hat.

Für den Unfallversicherungsschutz kirchlicher Bediensteter aber ist festzuhalten, daß zum einen, auch wenn das Kirchenrecht den Amtsbegriff, nämlich den des Kirchenamtes, kennt, dies aus Gründen staatlicher Rechtszuordnung Arbeits- oder Dienstrecht im Sinne des § 539 Abs. 1 Nr. 1 RVO oder aber ehrenamtliche Tätigkeit im Sinne des § 539 Abs. 1 Nr. 13 RVO sein kann; zum anderen aber, und dies ist nicht weniger bedeutsam, steht in beiden kirchenrechtsrelevanten Anknüpfungen des § 539 RVO nicht die amtsrechtliche Funktionalbeschreibung staatlicher Organisation, die erst in einem zweiten Akt den Amtswaltern zugeordnet werden muß, sondern das personenbezogene und personenrechtliche Abhängigkeitsverhältnis, der Status mithin, im Vordergrund, da das Gesetz diejenigen versichert, die aufgrund eines Arbeits- oder Dienstverhältnisses beschäftigt bzw. ehrenamtlich tätig sind. Die staatsfunktionale Bedeutung des Amtes muß im Versicherungsrecht also nur zur personenbezogenen Charakterisierung der Amtswalterstellung herangezogen werden, u. a. auch, um zwischen Haupt- und Nebenämtern unterscheiden zu können.

Ebenso wie beim Körperschaftsbegriff ist auch hierbei keine vor-, über- oder außerstaatliche inhaltliche Fixierung des Amtsbegriffs möglich oder notwendig. Insbesondere das Kriterium *hoheitsrechtlicher* Wahrnehmungszuständigkeiten, das auch beim Begriff des öffentlichen Amts die Diskussion beherrscht, läßt sich für kirchliche Ämter kaum fruchtbar machen. Überdies ist — analog der Körperschaftsdiskussion — die Bedeutung der hoheitsrechtlichen Wahrnehmungszuständigkeiten für den Amtsbegriff auch im innerstaatlich-öffentlichen Recht bereits für typische Staatsaufgaben umstritten. Der Bedeutungswert hoheitlicher Wahrnehmungszuständigkeiten reicht nämlich von lediglich eingreifendem Verwaltungshandeln, über die öffentlich-rechtliche Betätigung des Staates bis hin zur Wahrnehmung *aller* öffentlicher Aufgaben, selbst in privatrechtlicher Form[189]. Intension und Extension des Amts-

[187] Dazu *Dreier*, Das kirchliche Amt, S. 123; *Schnapp*, Amtsrecht und Beamtenrecht, S. 127 ff.

[188] Siehe dazu auch *Dreier*, Das kirchliche Amt, S. 122.

[189] Vgl. stellvertretend *Wolff*, in: Wolff / Bachof, Verwaltungsrecht I, § 23.

begriffs sind also für den Gesamtbereich des öffentlichen Rechts, je nach den dogmatischen Bedürfnissen, bereits vielfältig variiert.

Wesentlich zu dieser Relativität des Amtsbegriffes kommt für seinen staatskirchenrechtlichen Bedeutungsgehalt hinzu, daß Art. 137 Abs. 3 Satz 1 WRV die Verwaltung und Ordnung der kirchlichen Angelegenheiten den Religionsgesellschaften überläßt und in Satz 2 der Vorschrift die Verleihung der Ämter und damit auch die Amtsbestimmung im Sinne der Ämterhoheit den Kirchen überantwortet, ohne daß der Staat zur Mitwirkung befugt wäre[190]. Das wirkt sich, wie das Bundessozialgericht zu Recht betont hat[191], bei der Rechtsanwendung dahin aus, daß auch die Rechtsprechung bei der Prüfung des Amtsbegriffs in die Ämterhoheit nicht eingreifen darf[192], sondern wie alle Staatsorgane an die kirchliche Amtsbeschreibung gebunden ist.

Bei den vielfach abgeschichteten Aufgaben der Kirchen ist also jeweils neu zu überprüfen, ob ihre Wahrnehmung öffentliches Amt im Sinne des Straf-, Beamten- oder Staatshaftungsrechts ist[193]. Es ist also *Martens*[194] zuzustimmen, daß den Kirchen „Öffentlichrechtlichkeit" im rechtsrelevanten Sinne nicht kraft ihres biblischen Verkündigungsauftrages eignet, sondern nur partiell aufgrund staatlicher Entscheidung. Auch für die Kirchenämter ist also zu fragen, mit welchen Folgen sie in den staatlichen Rechtsbereich hineinragen[195]. Da der Staat in die kirchliche Ämterhoheit nicht eingreifen darf, er aber andererseits an die Ausübung kirchlicher Ämter staatliche Rechtsfolgen knüpfen kann, bestimmt sich der *Inhalt* kirchlicher Ämter *nach Kirchenrecht*, ihr *versicherungsrechtlicher Standort* im Recht der gesetzlichen Unfallversicherung jedoch *nach § 539 RVO*. Wieweit das kirchliche Amtsrecht über den internen Kirchenbereich hinaus auch externe Wirkung im staatlichen Bereich der Unfallversicherung zu entfalten vermag, bestimmt also die Reichsversicherungsordnung, womit zugleich das staatliche Recht durch kirchliche Rechtsvorschriften mitgestaltet wird.

Den Maßstab des normativen Geltungsbereichs für das autonome staatliche und kirchliche Recht gibt dabei das Grundgesetz ab, so daß die Rechtsetzungsgewalt bis zur Verfassungswidrigkeit bzw. Grenze

---

190 Vgl. *Martens*, Öffentlich als Rechtsbegriff, S. 150; *Scheven*, ZBR 1964, S. 289 ff.; *Weber*, Religionsgemeinschaften, S. 112 ff.

191 BSGE 39, 24.

192 *Maunz*, in: Maunz / Dürig / Herzog, Art. 140 (Art. 137 WRV), Rdnr. 18; *Martens*, Öffentlich als Rechtsbegriff, S. 149.

193 Vgl. *Martens*, Öffentlich als Rechtsbegriff, S. 149 f.

194 So auch *Martens*, Öffentlich als Rechtsbegriff, S. 149 ff., insbesondere S. 152.

195 Vgl. BVerwGE 25, 226; BGHZ 46, 96; *Grundmann*, JZ 1966, S. 84 f.; *Martens*, Öffentlich als Rechtsbegriff, S. 150 f.; *Scheven*, ZBR 1964, S. 289 ff.; *Thieme*, AöR 80 (1955/56), S. 439 ff.; *Wacke*, AöR 74 (1948), S. 443 ff.

des Verfassungsschutzes reicht. Das kirchliche Amtsrecht unterliegt mithin soweit der kirchlichen Regelungshoheit, wie das Selbstbestimmungsrecht der Kirche reicht[196], ohne daß das kirchliche Amtsrecht damit gänzlich in das Kirchenrecht verwiesen wäre[197]. Der Staat darf vielmehr auch im Recht der gesetzlichen Unfallversicherung Rechtsfolgen an das Kirchenamt knüpfen, die über das Kirchenrecht hinausgehen. Er kann im Rahmen der allgemeinen Rechtsordnung staatliche Rechtsfolgen an die Gestaltung kirchlicher Ämter knüpfen.

Will der Staat diese Ämter für den staatlichen Bereich in den zulässigen Grenzen klassifizieren, insbesondere bestimmte Ämter von seiner Regelung ausnehmen, so muß er dies deutlich machen. Hier handelt es sich um ein Verfahren, das dem Staatskirchenrecht nicht unbekannt ist. In dieser Weise verfährt der Gesetzgeber etwa im öffentlichen Dienstrecht. Soweit er nämlich eine Gleichstellung des kirchlichen und des weltlichen Dienstes nicht wünscht, klammert er den kirchlichen Dienst ausdrücklich aus, so etwa in § 83 Abs. 2 Satz 1 BRRG, § 135 BRRG. Wenn der Gesetzgeber den kirchlichen Dienst ausklammert, greift er nicht in die Ämterhoheit ein, sondern schließt das Kirchenamt für bestimmte Fälle nicht in die staatliche Sonderrechtsregelung ein. Nur auf diese Weise kann die kirchliche Amtshoheit gewahrt und der staatlichen Rechtsetzungsgewalt zugleich Geltung verschafft werden[198]. Greift also der Gesetzgeber den Amtsbegriff auf, ohne ihn zu definieren, oder ohne ihn überhaupt inhaltlich in irgendeiner Weise zu bestimmen, so kann, soweit kirchliche Ämter in Frage stehen, nur der kirchliche Amtsbegriff Grundlage einer Inhaltsbestimmung staatlich einschlägigen Rechts sein.

Deshalb also wird für das Unfallversicherungsrecht der kirchliche Amtsbegriff, vor allem wegen seiner Bedeutung für § 539 Abs. 1 Nr. 1 und Nr. 13 RVO, zu explizieren sein. Dabei soll eine Explikation des kirchlichen Amtsbegriffs nur soweit vorgenommen werden, wie dies mit Bezug auf die unfallversicherungsrechtlichen Zusammenhänge unabdingbar erscheint. Es können und sollen nur Schlaglichter gesetzt und keine kirchenamtstheoretischen Untersuchungen geleistet werden[199].

---

[196] Vgl. *v. Harling*, ZevKR 10 (1963/64), S. 302; *Hesse*, Rechtsschutz, S. 143; *D.* und *U. Mann*, DVBl. 1962, S. 243 f.; *Ruppel*, Disziplinarwesen, S. 356 f.; *Wacke*, AöR 74 (1948), S. 443; *Weber*, Religionsgemeinschaften, S. 112; differenzierend *Mikat*, Kirchen und Religionsgemeinschaften, S. 182 ff.

[197] Vgl. *Pfennig*, Der öffentliche Dienst, S. 47; *Weber*, Religionsgemeinschaften, S. 112.

[198] Vgl. auch *Fuß*, DÖV 1961, S. 727; *Martens*, Öffentlich als Rechtsbegriff, S. 150 f.; *Mikat*, Kirchliche Streitsachen vor den Verwaltungsgerichten, S. 318 ff.; *Scheven*, ZBR 1964, S. 292 f.; *Weber*, Religionsgemeinschaften, S. 112 f.

[199] Insoweit kann auf die kirchenrechtstheoretischen Untersuchungen von *Dreier*, Das kirchliche Amt, und dessen zahlreiche Nachweise verwiesen werden.

Der staatliche und der kirchliche Amtsbegriff müssen harmonisiert werden. Dies setzt voraus, daß ihre Kriterien angegeben und der für das Unfallversicherungsrecht rechtsrelevante Kern beider extrahiert werden.

I. Die Bedeutung des öffentlich-rechtlichen Amtsbegriffs

Legt aus verfassungsrechtlichen Gründen auch das Kirchenrecht die Ämter und damit deren Amtsqualität fest, so empfiehlt es sich, die nach kirchlichem Recht unter diesem Begriff verstandene Bedeutung, soweit dieser Begriff, wie in § 539 RVO, der Auslegung im Rahmen staatlicher Gesetze bedarf, daraufhin zu untersuchen, ob er dem entspricht, was man gemeinhin unter „Amt" im staatsrechtlichen Sinne versteht. Die Amtsbegriffe des allgemeinen Verwaltungs- und Kirchenrechts brauchen nicht materiell identisch zu sein, sie können es auch kaum, was der Verfassungsgesetzgeber bereits in Art. 137 Abs. 3 WRV gesehen und berücksichtigt hat, da in beiden gesellschaftlichen Ordnungen jeweils andere Aufgaben und Zwecke verfolgt werden. Ist aber auch der kirchenrechtliche Amtsbegriff als Rechtsbegriff formuliert, und die methodische Untersuchung seiner Kriterien damit eine kirchenrechtstheoretische[200], so erscheint es durchaus bedeutsam und auslegungserheblich, wenn er mit dem staatlichen Amtsbegriff in seiner Formalbeschreibung deckungsgleich ist. Denn es bestünde kein Anlaß, innerhalb der Kirchen noch weiter zu unterscheiden oder bestimmte Ämter auszuklammern, soweit sie außenwirksam im Recht der gesetzlichen Unfallversicherung werden, falls das Kirchenamt den staatsrechtlichen Kriterien eines öffentlichen Amtes entspricht.

Bei dem Amtsbegriff handelt es sich um einen traditionell gefestigten Terminus des Organisationsrechts, der, soweit es in diesem Zusammenhang auf ihn ankommt, zur Kennzeichnung eines pflichtgebundenen, fremdnützigen Aufgaben- und/oder Zuständigkeitsbereichs eines Menschen dient, der diesem zur eigenen Wahrnehmung übertragen ist und dem Rechtsträger zugerechnet wird[201]. Ähnlich formuliert auch c. 145 CIC: Jede zu einem geistlichen Zweck rechtmäßig ausgeübte Aufgabe, ist Amt (officium) — im weiteren Sinne —, wenn es dauernd errichtet ist, nach bestimmten Normen verliehen wird und einen Anteil an der Kirchengewalt enthält[202], wobei die weiteren Einzelheiten zunächst einmal dahinstehen mögen. Die öffentlich-rechtliche und die kirchenrechtliche Formalbeschreibung sind also im wesentlichen gleich, wie es

---

[200] Vgl. *Dreier*, Das kirchliche Amt, S. 17.

[201] *Wolff*, in: Wolff / Bachof, Verwaltungsrecht II, § 73 I a.

[202] Siehe dazu auch *Wolff*, in: Wolff / Bachof, Verwaltungsrecht II, § 73 I c 1.

auch das Bundessozialgericht in einem sorgfältigen Vergleich der verschiedenen Amtsbegriffe festgestellt hat[203].

Das aber ist kaum zufällig so, sondern liegt wohl in der Natur des Organisationsrechts begründet, auch wenn das Kirchenrecht neben dem juristischen Gehalt des Amtsbegriffs einen spezifisch theologischen Sinn durch diesen Begriff ausprägt[204]. Dem gilt es im folgenden nachzugehen, um den sozialversicherungsrechtlichen Inhalt des kirchlichen Amtsbegriffs weiter aufzubereiten.

Da das Kirchenrecht in dem Begriff des Kirchenamtes eine geistliche und eine weltliche Komponente zum Ausdruck bringt, birgt eine Statusbeschreibung der kirchlichen Amtswalter wegen der weitergehenden Bedeutung erheblich mehr Schwierigkeiten als eine Statusbeschreibung staatlicher Amtswalter und ihres Dienstrechts, obwohl auch hier, schon wegen der Verknüpfung von Dienst- und Amtsrecht, eine singuläre Scheidung der Rechtsbeziehungen und ihrer Relation zum Staat schwierig genug ist[205].

Weil aber der kirchenrechtswissenschaftlichen Dogmatik als besonderer Rechtslehre auch die Aufgabe zukommt, das in der Partikularkirche geltende Recht zu beschreiben, ist sie in dem Sinne empirische Wissenschaft, in dem es ihr obliegt, das geltende und damit wirksame kirchliche Recht mit Hilfe der empirischen Methode seiner Feststellung zu beschreiben[206]. Insoweit besteht Methodenidentität zwischen staatlichem und kirchlichem Amtsrecht, da in beiden der Befund des Waltens in und für diese gesellschaftlichen Ordnungen zum Ausdruck kommt. Insoweit ist staatliches und kirchliches Amtsrecht nichts weiter als eine Analyse des Befundes solchen menschlichen Verhaltens, das man im Wege einer Funktionsbeschreibung als Amtswaltertätigkeit kennzeichnen kann. Daß daneben für den kirchlichen Befund auch noch eine „Metatheorie" möglich ist, die den geistlichen „Überbau" des kirchlichen Rechts bildet, bleibt für den empirischen Befund zunächst außer Betracht. Um einen Vorgriff zu tun: beim liturgischen Dienst etwa nimmt das kirchliche Amt beide Elemente in sich auf. Von deren Bedeutung für das Unfallversicherungsrecht wird noch zu handeln sein[207].

---

203 BSGE 34, 163 (167); 39, 24 (27 ff.).

204 Dieser strukturellen Identität von kirchlichem und weltlichem Recht einschließlich des Amtsrechts geht insgesamt die Untersuchung von *Dreier*, Das kirchliche Amt, passim, explizit z. B. S. 116, nach.

205 Vgl. *Dreier*, Das kirchliche Amt, S. 122; *Wolff*, in: Wolff / Bachof, Verwaltungsrecht II, § 109 I b; siehe auch *Schnapp*, Amtsrecht und Beamtenrecht, S. 129 ff.

206 Vgl. *Dreier*, Das kirchliche Amt, S. 89; zur Wirksamkeit als faktischer Geltung neben der normativen Geltung *Freitag*, Gewohnheitsrecht und Rechtsystem, S. 96 ff.

207 Vgl. unten, S. 91 ff., 96 ff.

Dennoch darf nicht übersehen werden, daß das Kirchenamt besondere Probleme aufwirft, die eine Anknüpfung staatlicher Rechtsfolgen an die kirchliche Organisation nicht unproblematisch erscheinen lassen und sogar Veranlassung gaben, den kirchlichen Dienst, soweit er religiösen Charakter hat, aus dem staatlichen Recht zu verweisen[208]. Gemeint ist die Begründung des kirchlichen Amtes durch das göttliche Recht[209]. Ist eine Erfassung kirchlicher Ämter etwa in der Unfallversicherung aus amtsrechtlichen Gründen überhaupt systemkonform? So könnte man aus staatsrechtlicher Sicht fragen, wenn man den in der Kirchengeschichte sich artikulierenden Protest gegen das kirchliche Amt bis hin zu der Vorstellung von einem allgemeinen Priestertum bedenkt, das dem Christen allgemeine Rechtsmacht verleihen und ihm kraft des Glaubens und der Taufe zu religiösen Handlungen befähigen und ermächtigen soll. Dann bedürfte es spezifischer Ämter und Amtswalter an sich nicht und eine Verteilung der Kirchengewalt auf exakt beschriebene Mandatsträger wäre letztlich nicht vorgenommen, wie dies etwa bei der Wahrnehmung der Staatsgewalt durch drei ausdrücklich benannte Staatsorgane in Art. 20 Abs. 2 GG der Fall ist, wo das Volk, von Ausnahmen abgesehen, nur noch Träger der Staatsgewalt ist, diese aber von ihm nicht mehr ausgeübt wird[210]. Im Kirchenrecht hingegen könnte eine allgemeine Amtsgewalt ganz generell auf einen Rang- und Bedeutungsverlust des Organisationsrechts mit der Folge hindeuten, daß kirchliche Amtswalter sich auf keinen über den allgemeinen religiösen Status hinausweisenden besonderen Status auch im Hinblick auf den Unfallversicherungsschutz berufen können.

Aber bereits die Einschränkung zur Verteilung der Staatsgewalt auf besondere Staatsorgane in Art. 20 Abs. 2 GG zeigt, daß eine Verteilung der Herrschaftsmacht ein Ausfluß der souveränen Entscheidung über die Verteilung relativer Rechtsmacht ist. Ebenso wie es in der Macht des Verfassungsgebers stand, eine spezifische Zuordnung der Staatsgewalt auszuprägen, obliegt es kirchlicher Amtshoheit, besondere kirchliche Ämter einzurichten und deren Wahrnehmung kirchlichen Bediensteten zu übertragen. Das Legitimitätsproblem des kirchlichen Amtsrechts mag zu schwierigen juristisch-theologischen Abgrenzungsfragen nach Rechtsgrund und Ableitung führen, die sowohl einer empirisch-soziologischen als auch einer auf dem ius divinum basierenden kirchenrechtlichen und theologisch-dogmatischen Argumentation zugänglich

---

208 Vgl. *Wolff*, in: Wolff / Bachof, Verwaltungsrecht I, § 46 II b.

209 *Dreier*, Das kirchliche Amt, S. 92 ff.; *Lieberg*, Amt und Ordination, S. 69 ff. und 104 ff.; zur Begründung des Kirchenamtes *Mosiek*, Verfassungsrecht, Bd. I, S. 101 ff.

210 *Schnapp*, GG-Kommentar, Art. 20, Rdnr. 30 f.; *Freitag*, Gewohnheitsrecht und Rechtssystem, S. 160.

und unterworfen sind[211]. Für das Kirchenamt im Recht der gesetzlichen Unfallversicherung kommt es jedoch nur auf die *organisationsrechtliche* Bedeutung des vom göttlichen und weltlichen Kirchenrecht geprägten Amtsbegriffes an.

Dieses göttliche Recht wirft sicherlich Probleme seiner Existenz und Erkennbarkeit[212] dahingehend auf, ob es sich bei der Formulierung solchen Rechts überhaupt um Rechtssätze[213] handelt. Allein die Tatsache der Existenz kirchlicher Rechtsanwendungsorgane selbst beweist bereits, daß auch sie nur durch ihre relative Rechtssubjektivität und sowohl institutionalisiert als auch mit Aufgaben betraut nur durch Rechtssätze und deren Vollzug bestehen. Ob dies darauf zurückzuführen ist, daß das göttliche Recht, um empirisch geltendes Kirchenrecht zu werden, der Rezeption durch die Kirchen bedarf, mag der kirchenrechtlichen Diskussion überantwortet bleiben[214]. Bejaht man dies, so käme es einem Vorbehalt empirisch-kirchlicher Rechtssätze gleich. Geht man hingegen davon aus, daß dem göttlichen Recht legitimierende, d. h., um einen Ausdruck aus dem Staatsrecht zur Verdeutlichung zu verwenden, einen Rechtssatzvorrang statuierende Bedeutung zukommt[215], so reicht dieser Vorrang soweit, wie sich die kirchliche Ämterhoheit erstreckt. Dieses göttliche Recht und die mit ihm notwendig verbundenen religiösen Handlungen sind aber für das weltliche Wirken des Kirchenrechts im staatlichen Bereich nur insoweit von Belang, als sie externe Wirkung entfalten. Das aber können sie nur, wenn sie als Rechtssätze mit Verbindlichkeitsanspruch formuliert sind[216] und Organisationsregeln enthalten, die dem staatlichen Recht zugänglich und mit staatlichen Rechtsfolgen belegt sind.

Die Gleichheit der Formalbeschreibung kirchlichen und staatlichen Amtsrechts macht deutlich, daß eine Analyse des Amtsbegriffes seine kirchliche und weltliche Bedeutung einbeziehen muß. Ebenso wie die

---

[211] *Dreier,* Das kirchliche Amt, S. 93.

[212] Siehe *Dreier,* Das kirchliche Amt, S. 94 ff.; *Sohm,* Geistliches und weltliches Recht, S. 62 ff.; *Stoodt,* Wort und Recht, S. 129; *Wehrhahn,* Kirchenrecht und Kirchengewalt, S. 85; *ders.,* ZevKR 1 (1951), S. 71 f.; vgl. auch c. 1331 § 1 CIC.

[213] Zur Problematik der Rechtsentstehung durch Gott als Rechtssetzer im Wege der Offenbarung siehe *Dreier,* Das kirchliche Amt, S. 94 ff.; *v. Howe,* Commentarium 1, S. 51 f.; *Münter,* Gestalt, S. 20 und S. 44; *Sohm,* Geistliches und weltliches Recht, S. 62. Zum Rechtssatzbegriff vgl. *Freitag,* Gewohnheitsrecht und Rechtssystem, S. 84 ff. m.w.N.

[214] Siehe dazu *Dreier,* Das kirchliche Amt, S. 102 ff.; *Küng,* Die Kirche, S. 542; *Münter,* Gestalt, S. 45 ff.; *Wehrhahn,* ZevKR 1 (1951), S. 71 f.; *Erik Wolf,* Rechtsgedanke und biblische Weisung, S. 43 f.

[215] *Dreier,* Das kirchliche Amt, S. 105; *Wehrhahn,* Kirchenrecht und Kirchengewalt, S. 71 und S. 128 ff.

[216] Siehe BVerfGE 1, 400; *Meyer-Cording,* Die Rechtsnormen, S. 20; *Freitag,* Gewohnheitsrecht und Rechtssystem, S. 104; anders für Gewohnheitsrecht *Wolff,* in: Wolff / Bachof, Verwaltungsrecht I, § 25 III a.

Kirchenrechtstheorie als Teil der allgemeinen Rechtstheorie auf den juristischen Aspekt der Amtsgewalt nicht verzichten kann[217], vermag dies eine, wie hier vorgelegt, staatsorientierte Betrachtungsweise. Die strukturell gleichen Probleme sind also, wie der Vergleich verschiedener Rechtssysteme zeigt, offenbar auf die Funktion von Organisation zurückzuführen[218]. Funktion kann man hierbei durchaus in jenem mathematischen Sinne verstehen, der das Ungesättigtsein des Ausdrucks deutlich machen soll.

II. Spezifika des kirchlichen Amtsbegriffs und seine theoretischen Implikationen

Der Ausdruck „Amt“ steht für eine Vielzahl von Betätigungen, durch den einmal die Aufgabe (munus), z. B. das Pfarramt, einmal der Auftrag (mandatum) oder die Verpflichtung (officium) und schließlich der dienstrechtliche Status, das Indienststellen (ministerium) gekennzeichnet werden soll[219]. Auch diese Kennzeichnungen beschreiben wieder die organisations- *und* statusorientierte Seite des Amtsbegriffes. Als Rechtsbegriff braucht man diese Erscheinungsformen des Amtsbegriffs nur normativ einzubinden und man kann das Amt als durch Rechtsnormen konstituierten Aufgabenkreis bezeichnen[220], der durch eine (staatliche oder hoheitliche) Rechtsordnung vermittelt wird. Gegen eine solche Formalbeschreibung des Amtes hat allerdings *Dreier* zu Recht eingewandt, daß sie vor allem insoweit unbrauchbar sei, als sie eine Abgrenzung von Auftrag, Status und Organ nicht ermögliche[221], insbesondere die verschiedenen Aspekte des Amtsbegriffs unreflektiert in sich aufnehme. Es ist mithin eine weitere Aufklärung nötig, um die kirchlichen Ämter und ihre Rechtsqualität einer Rechtsanwendung im Sozialversicherungsrecht zugänglich zu machen.

Gerade das Kirchenrecht kennt eine Fülle von Ämtern, die sich qualitativ durchaus voneinander unterscheiden. So gibt es etwa das persönliche Amt des Apostels, das die viel erörterte Frage nach dem Amtscharakter des Apostolats hervorgebracht hat[222]. Auch für die katholische Kirche ist aber neben dem an einzelne Personen gebundenen Amt das

---

217 *Dreier*, Das kirchliche Amt, S. 116.

218 Zur Begriffsgeschichte des Amtsbegriffs vgl. die zahlreichen Nachweise bei *Dreier*, Das kirchliche Amt, S. 116 Anm. 2.

219 Vgl. *Dreier*, Das kirchliche Amt, S. 117; *Mörsdorf*, Kritische Erwägungen zum kanonischen Amtsbegriff, S. 397; vgl. zum Begriff des Kirchenamtes auch *Mosiek*, Verfassungsrecht, Bd. I, S. 101 ff.

220 Vgl. *Dreier*, Das kirchliche Amt, S. 117; *Mörsdorf*, Lehrbuch des Kirchenrechts I, S. 272; *ders.*, Kritische Erwägungen zum kanonischen Amtsbegriff, S. 392; *Wolff*, in: Wolff / Bachoff, Verwaltungsrecht II, § 73 I c.

221 Vgl. *Dreier*, Das kirchliche Amt, S. 117 f.

222 Vgl. *Dreier*, Das kirchliche Amt, S. 119 f.

institutionalisierte Amt typisch und als durchgängige Organisationsform verwirklicht. Gleichwohl aber lebt der kirchliche Amtsbegriff sozusagen von dem Dualismus des persönlichen und des institutionalisierten Amtes.

Das Kirchenamt im Rechtssinne ist geprägt von allgemeinen Rechtssätzen, die das Amt *als solches* institutionalisieren, wobei die Amtswahrnehmungsbefugnis per definitionem allen Ämtern eignet, während die außenwirksame Vertretungsbefugnis, d. h. die Rechtsstellung Dritter betreffend, nur mit bestimmten Ämtern verbunden ist. So formuliert denn auch die Kirchenrechtsdogmatik das Kirchenamt als eine durch göttliche oder kirchliche Anordnung auf Dauer geschaffene Einrichtung, die zur Wahrnehmung bestimmter kirchlicher Aufgaben mit entsprechenden Befugnissen der Hirtengewalt ausgestattet und dazu bestimmt ist, einer Person oder einem Kollegium als Organen der Kirche übertragen zu werden[223]. Der weiteren, eher rechtstechnischen Frage, ob das Wahrnehmungssubjekt der jeweilige Amtsinhaber selbst oder das Amt normatives Rechtssubjekt ist, braucht hier nicht weiter nachgegangen zu werden[224], da im Unfallversicherungsrecht allein das statusbezogene Amtsverhältnis in Frage steht, die Frage nach der Rechtsstellung des Amtswalters mithin. Bedeutsam dagegen ist das den Amtsbegriff der Kirche konstituierende Element der Dauer, weil darin der institutionelle Charakter kirchlicher Ämter zum Ausdruck kommt[225]. Für den Versicherungsschutz ist also nur relevant, ob ein statusbegründendes Anstellungsverhältnis vorliegt, während es auf die organisationsrechtliche Zuweisung in eine — auf Dauer errichtete — Amtsstelle, den „objektiv" organisationsinstitutionellen Zustand, nicht ankommt[226].

Der Deutlichkeit wegen soll schließlich noch auf das Verhältnis von Amt und Organ hingewiesen werden, da das Unfallversicherungsrecht, insbesondere in § 539 Abs. 1 Nr. 13 RVO, von ehrenamtlich Tätigen, nicht dagegen von Organen spricht. Dies kann deshalb nicht unerwähnt bleiben, weil das Kirchenrecht, wie in der Definition des Amtsbegriffes deutlich wurde, den oder die Amtsinhaber als Organ bezeichnet, während in der Staatsrechtsdogmatik gelegentlich beide auch identifiziert werden[227].

---

[223] Siehe *Mörsdorf*, Kritische Erwägungen zum kanonischen Amtsbegriff, S. 397 f.

[224] Vgl. *Dreier*, Das kirchliche Amt, S. 121; zur Unterscheidung zwischen Rechtstechnik und Rechtselementarlehre *Wolff*, Organschaft I, S. 131 ff.

[225] Zur abstrakten und konkreten Institutionalisierung kirchlicher Ämter vgl. *Dreier*, Das kirchliche Amt, S. 121 f.

[226] Es liegt offenbar in der vielschichtigen Rechtsnatur des komplexen Organisationsrechtsverhältnisses, daß die Relativität der Rechtsbeziehungen kaum noch ausdrückbar ist.

[227] Vgl. *Dreier*, Das kirchliche Amt, S. 124 f.; *Mörsdorf*, Kritische Erwägungen zum kanonischen Amtsbegriff, S. 397 f.

Dem kirchenrechtlichen Organbegriff mag letztlich die Vorstellung einer organologischen Korporationstheorie zugrundeliegen, die in dem Handeln des Organs die Handlungsfähigkeit juristischer Personen durch die Zurechnung des Handels natürlicher Personen zur juristischen Person darstellen will[228]. Ob man demgegenüber lieber solchen organisationstheoretisch fundierten Festlegungen folgen will[229], die das *Amt* als reinen Funktionsbegriff verstehen wollen, der ausdrückt, daß das Amt ein auf einen Menschen bezogener, zur Wahrnehmung durch einen Menschen bestimmter Zuständigkeitskomplex ist, das sich vom *Organ* dadurch unterscheidet, daß diesem innerorganisatorische Eigenständigkeit eignet, das Handeln des Organs also unmittelbar dem Träger zugerechnet wird, während das Amtshandeln nur über das Organ dem Träger dann zugerechnet wird, wenn es aus mehreren Ämtern besteht, ist eine Frage des wissenschaftlichen Ausgangspunktes. Die Kirchenrechtsdogmatik versucht diese Modifikationen der Zurechnung durch eine Differenzierung zwischen Grund- und Hilfsämtern zu erreichen[230], was zu weiteren organisationsrechtlichen Problemen und Besonderheiten des Kirchenrechts führt[231].

Es liegt in der Natur des Organbegriffes, sofern man mit Hilfe dieses Ausdrucks das Bild der empirischen Funktionsfähigkeit des Menschen auf rechtssystematische Funktionsabläufe darstellen will, daß sich mit seiner Hilfe das theologische Problem der Stellvertretung Christi leichter beantworten läßt, als wenn man das kirchliche Amt rein organisationsrechtlich begreift. Der personenrechtliche Bezug bleibt durch den Organbegriff erhalten. Diese theologischen und kirchenrechtsdogmatischen Probleme des Organ- und Amtsverständnisses brauchen hingegen in das Recht der gesetzlichen Unfallversicherung nicht hineingetragen zu werden, sobald man sich darüber verständigt hat, daß der Amtsbegriff in § 539 RVO statusbezogen ist und damit die organschaftliche Stellung der Amtswalter im Sinne des Kirchenrechts daraufhin untersucht werden muß, ob sie dem Amtsinhaber die Wahrnehmung eines Kirchenamtes vermittelt. Damit können vor allem die allein kirchenrechtlich bedeutsamen Fragen der Amtsstiftung[232] und der Christus-

---

[228] Vgl. *Dreier,* Das kirchliche Amt, S. 124 und S. 226; *Hoppe,* Organstreitigkeiten, S. 181 ff.; *Wolff,* Organschaft II, S. 259; *ders.,* in: Wolff / Bachof, Verwaltungsrecht I, § 32 II b; *ders.,* in: Wolff / Bachof, Verwaltungsrecht II, § 72 I b; *Freitag,* VerwArch. 1976, S. 29.

[229] Siehe *Dreier,* Das kirchliche Amt, S. 124 ff.

[230] *Dreier,* Das kirchliche Amt, S. 127; *Mörsdorf,* Kritische Erwägungen zum kanonischen Amtsbegriff, S. 392 ff.; *ders.,* Lehrbuch des Kirchenrechts I, S. 274 f.

[231] Zur Ordination *Dreier,* Das kirchliche Amt, S. 197 ff.; *Schoch,* Verbi divini ministerium II, S. 165 ff.; *Sohm,* Kirchenrecht II, S. 258 ff.

[232] Vgl. *Dreier,* Das kirchliche Amt, S. 142 ff.; *Lieberg,* Amt und Ordination, S. 69 ff. und S. 104 ff.; siehe auch c. 108 § 3 CIC.

repräsentation[233] aus den nachfolgenden Untersuchungen eliminiert werden. Vielmehr kann sich die Arbeit darauf beschränken, die kirchlichen Ämter in ihrer kirchenorganisationsrechtlichen Bedeutung für die Amtswalter zu umreißen.

III. Das Kirchenamt als göttliches und menschliches Mandat

Nicht nur gegen die Vorstellung vom körperschaftlichen Sonderstatus nicht getragener christlicher Betätigungen, sondern auch gegen die Wahrnehmung kirchlicher Ämter mit zugleich religiösem und weltlichem Rechtsgehalt zielt der Hinweis, rein religiöse Betätigungen kämen als Amtswahrnehmung im staatlichen Sinne nicht in Betracht[234]. Daher erhebt sich abschließend die Frage, ob das Kirchenamt, auch wenn es als Organisationsbegriff gebraucht wird, auf göttlichem oder menschlichem Mandat und die dienst- und amtsrechtliche Stellung des Amtswalters mithin auf göttlicher und/oder menschlicher Einsetzung beruht, denn nur in letzterem Falle kann von einem Dienst- oder Arbeitsverhältnis im Sinne des § 539 Abs. 1 Nr. 1 RVO bzw. von einer ehrenamtlichen Tätigkeit bei einer Körperschaft des öffentlichen Rechts im Sinne des § 539 Abs. 1 Nr. 13 RVO die Rede sein. Durch wen das Amt vermittelt wird, hängt nicht zuletzt davon ab, wer den in dem Amt institutionalisierten Auftrag erteilt. Dabei kommt die Kirchenrechtstheorie wohl zu Recht zu dem Ergebnis, daß zwar auch Christus Träger des (abstrakt formulierten) kirchlichen Amtes ist, daß das Amt im organisationsrechtlichen Sinne aber noch seiner Institutionalisierung durch die Gemeinde bzw. die Kirche bedarf. Steht im Unfallversicherungsrecht allerdings nur der organisationsrechtliche Status in Frage, so können nur solche Betätigungen des Amtswalters der Kirche als Körperschaft des öffentlichen Rechts zugerechnet werden, die in Erfüllung ihrer Eigenzuständigkeiten wahrgenommen werden. Das wiederum läßt auch für das Versicherungsrecht die Frage bedeutsam erscheinen, ob sich die kirchenrechtliche Diskussion über Amt und allgemeines Priestertum auch auf den Unfallversicherungsschutz auswirkt.

Unabhängig vom Streit der Stiftungs- und Errichtungstheorie kann im Anschluß an *Dreier*[235] wohl gesagt werden, daß die konkrete Amtserrichtung und Festlegung der Kompetenzen durch menschlich geschaffenes Kirchenrecht erfolgt, welches dabei dem Evangeliumsvorrang unterliegen mag. Im übrigen beweist bereits die verschiedenartige inhaltliche Ausgestaltung kirchlicher Ämter, von denen einige im ein-

---

[233] Vgl. *Dreier*, Das kirchliche Amt, S. 169 ff., besonders S. 172 ff.; *Persson*, Repraesentatio Christi, passim.

[234] Vgl. *Wolff*, in: Wolff / Bachof, Verwaltungsrecht II, § 73 II a 4.

[235] *Dreier*, Das kirchliche Amt, S. 229.

zelnen noch vorgestellt werden[236], daß die Befähigung zum Amt vielschichtiger Natur ist und das allgemeine Priestertum gegenüber der Amtskirche — aus welchem Anlaß auch immer — den Gedanken der geistlichen Gleichheit in den Vordergrund stellt[237]. Läge dagegen allen kirchlichen Ämtern der Gedanke des allgemeinen Priestertum zugrunde, und dies wäre die unabweisbare Konsequenz eines solchen Amtsverständnisses, so gäbe es keinen Rechtsgrund mehr für eine staatsrechtliche Anbindung kirchlicher Ämter, da sich diese nur über die Kirchen als Körperschaften des öffentlichen Rechts vollzieht.

IV. Kirchenamt und Unfallversicherungsschutz

Dies leitet über zu dem Problem der Rechtssubjektivität der Kirchen. Sieht man im Anschluß an *Hans J. Wolff*[238] Organisation als ein System sozialer Normen, so ist die Kirche als Organisation Teilrechtsordnung in einer relativen Rechtsbeziehung, soweit sie vom Staat als Rechtsträger angesehen wird. Im Verhältnis zum Staat ist das kraft Verfassung und einfachgesetzlichem Recht die empirische Kirche als Körperschaft des öffentlichen Rechts, der selbst und deren Mitgliedern über den Körperschaftsstatus Rechte und Pflichten auch im Recht der gesetzlichen Unfallversicherung zuerkannt und auferlegt werden. Die Kirche und ihre Gliederung ist daher normativ als rechtsfähiges Zurechnungssubjekt ausgestaltet[239], das sich auf diese Weise im staatlichen Bereich rechtlich zu entfalten vermag[240]. Bei der Bejahung des Unfallversicherungsschutzes wird sich dies ganz vordergründig dahin auswirken, daß die Kirche Beiträge zur Unfallversicherung zu erbringen hat.

Das mit der Frage der Rechtssubjektivität zugleich im Kirchenrecht mitangesprochene Problem der Rechtssubjektivität des Amtes[241], insbesondere also die Frage danach, wer Inhaber der subjektiven Rechte und Pflichten ist[242], kann für die Fragen des Unfallversicherungsschutzes ebenfalls dahinstehen, da auch bei einer Rechtssubjektivität des Amtes

---

236 Siehe unten, S. 88 f.

237 Siehe *Brunner*, Dogmatik III, S. 54 ff.; *Dreier*, Das kirchliche Amt, S. 228 ff.; *Lieberg*, Amt und Ordination, S. 40 ff.

238 *Wolff*, Organschaft I, S. 230; siehe auch *Dreier*, Das kirchliche Amt, S. 234; *Fabricius*, Relativität der Rechtsfähigkeit, passim.

239 *Wolff*, Organschaft I, S. 230.

240 Nur beiläufig sei die kirchenrechtliche Diskussion erwähnt, wonach Adressat der Amtserrichtung die Gemeinde, der materielle Verkündungsauftrag dagegen an jeden einzelnen adressiert sei. Siehe dazu *Dreier*, Das kirchliche Amt, S. 236 ff.; *Pirson*, Universalität und Partikularität der Kirche, S. 242 ff.

241 Siehe *Dreier*, Das kirchliche Amt, S. 242 ff.; *Strigl*, ArchkathKR 131 (1962), passim; *Wolff*, Organschaft II, S. 247 ff.

242 *Dreier*, Das kirchliche Amt, S. 243.

die Zurechnung menschlichen Handelns über das Amt zur Kirche als juristischer Person des öffentlichen Rechts läuft[243]. Der amtliche Status des Amtswalters muß auf jeden Fall begründet sein, um sein Verhalten als amtliches und damit kausal im Sinne der unfallversicherungsrechtlichen Einstandspflicht des Trägers der gesetzlichen Unfallversicherung bezeichnen zu können.

Die Amtsgewalt kirchlicher Bediensteter ist also nur dann und immer dann als rechtliche Gewalt aufzufassen und mit den Rechtsfolgen des Unfallversicherungsschutzes sanktioniert, wenn kirchenrechtlich definierte Amtsgewalt ausgeübt wird, die, wie dies regelmäßig der Fall ist, der Kirche als Rechtssubjekt zugerechnet wird, wenn zugleich ein unfallversicherungsrechtserheblicher Tatbestand gesetzt worden ist. Soweit Unfallversicherungsschutz also nicht aus anderen Gründen — etwa einer beamtenrechtlichen Versorgung[244] — ausgeschlossen ist, kommt also Unfallversicherungsschutz nach § 539 Abs. 1 Nr. 1 RVO für alle diejenigen kirchlichen Ämter in Betracht, die den Kriterien des Dienst- oder Arbeitsverhältnisses genüge tun, was in der Regel für Inhaber von kirchlichen Hauptämtern zutreffen wird, wobei dies unterschiedslos für katholische und evangelische Hauptämter gilt. Der ungleich schwierigeren Frage nach dem Unfallversicherungsschutz kirchlicher Ehrenamtswalter wird im folgenden weiter nachzugehen sein.

V. Ehrenamt und ehrenamtliche Tätigkeit als Gegenstand des Unfallversicherungsrechts und ihre Abgrenzung zum Hauptamt

Von den kirchlichen Ämtern hat der Rechtsprechung das kirchliche Ehrenamt bzw. die ehrenamtliche Tätigkeit besondere Schwierigkeiten bereitet, bis hin zu der vor der Hand betrüblichen Feststellung, daß das Bundessozialgericht selbst für die katholische und evangelische Kirche keine einheitliche Rechtsprechung zum Unfallversicherungsschutz kirchlicher Chorsänger verfolgt[245], eine Frage, die für evangelische Chorsänger ebenfalls nach kirchlichem Amtsrecht zu beantworten wäre. Anhand einer problemaufbereitenden Analyse dieser Urteile und der Ministrantenentscheidungen, die im Anhang — zumindest als Leitsatz — wiedergegeben sind[246], und einer Entfaltung des Amtsverständnisses der katholischen Kirche zum Rechtsstatus ihrer Chorsänger soll im folgen-

---

[243] *Dreier*, Das kirchliche Amt, S. 244.

[244] Siehe dazu *Martens*, Öffentlich als Rechtsbegriff, S. 151; *Weber*, Religionsgemeinschaften, S. 114 ff.

[245] Für röm.-kath. Chormitglieder siehe BSG, SGb. 1976, S. 66; für ev.-luth. Chormitglieder BSGE 34, 163.

[246] Siehe unten, Anhang, S. 106 ff.

den versucht werden, den versicherungsrechtlichen Status ehrenamtlich Tätiger im Sinne des § 539 Abs. 1 Nr. 13 RVO zu verdeutlichen. Der Chorsänger- und Ministrantenstatus soll dabei neben anderen Beispielen dazu dienen, den versicherungsrechtlichen Gehalt des § 539 Abs. 1 Nr. 13 RVO zu entfalten und die fortschreitende Rechtsprechung des Bundessozialgerichts und die Konturen seiner potentiellen Entscheidungen in diesem Bereich aufzuzeigen.

Bereits aus dem in § 539 Abs. 1 Nr. 13 RVO verwandten Wort „ehrenamtlich Tätige", ergibt sich, daß zunächst, ohne daß man damit dem Vorwurf begriffsjuristischer Argumentation ausgesetzt wäre, die Kriterien des Amtes vorliegen müssen. Eine Legaldefinition dazu gibt das Gesetz allerdings nicht. Es ist daher, wie bereits ausgeführt[247], davon auszugehen, daß der staatliche Gesetzgeber im Recht der gesetzlichen Unfallversicherung keine besonderen staatlichen Rechte oder Pflichten über die durch die Ämterhoheit der Kirchen hinaus festgeschriebenen kirchlichen Ämter begründen will. Mangels anderweitiger Anordnung ist es für die Interpretation einer ehrenamtlichen Betätigung in § 539 Abs. 1 Nr. 13 RVO mithin vorgegeben, die aus der kirchlichen Selbstbestimmung folgende Bedeutung des Begriffes zugrundezulegen[248]. Die nachfolgenden Erörterungen treffen also im Grundsatz auf alle kirchlichen Ehrenämter, sei es evangelischen oder katholischen Rechts, zu.

Allerdings ist die Regelung des § 539 Abs. 1 Nr. 13 RVO nicht völlig isoliert zu sehen, vor allem, wenn man sich dieser Vorschrift im Wege einer historischen Interpretation dahin zu nähern versucht, daß man, soweit dies Wortlaut und Gesetzessystematik, d. h. also der Kontext der Norm zulassen[249], Entstehungsgeschichte und gesetzgeberische Intention zur Auslegung mit heranzieht.

Berücksichtigt man den entwicklungsgeschichtlichen Auslegungstopos, so ist festzuhalten, daß die Regelung in § 539 Abs. 1 Nr. 13 RVO nicht zuletzt auch an kommunalrechtliche Erfordernisse anknüpft und den Schutz kommunalrechtlicher Tätigkeiten anstrebt[250]. Dies bedeutet für die Auslegung, daß auf die Deskriptoren ehrenamtlicher Betätigung nach kommunalrechtsdogmatischen oder gar, soweit vorhanden, auf positivierte Rechtsgründe zurückgegriffen werden kann.

---

[247] Siehe oben, S. 64 ff.

[248] Vgl. auch BSGE 34, 163 (167 f.); zur Tätigkeit des Ministranten als ehrenamtliche Tätigkeit vgl. *Mörsdorf*, Archiv für katholisches Kirchenrecht, Bd. 143 (1974), S. 448 (453).

[249] Zur Interpretation vgl. *Baumann*, Einführung in die Rechtswissenschaft, S. 88 ff.; *Larenz*, Methodenlehre der Rechtswissenschaft, S. 307 ff.; *Müller*, Normstruktur und Normativität, passim, m.w.N.

[250] Vgl. *Rauball / Rauball*, Gemeindeordnung für Nordrhein-Westfalen, § 20, Erl. 2.

Bei einem Rückgriff auf kommunalrechtliche Regelungen kann man neben den Rechtssätzen anderer Gemeindeordnungen (bzw. Verfassungen) auf die nordrhein-westfälische Gemeindeordnung[251] abheben, die in § 20 Abs. 1 eine den anderen Gemeindeordnungen vergleichbare Regelung dahin enthält[252], daß die *ehrenamtliche Tätigkeit* als nebenberufliche vorübergehende Tätigkeit für die Gemeinde definiert wird, während Abs. 2 der Vorschrift das Ehrenamt als nebenberufliche Übernahme eines auf Dauer berechneten Kreises von Verwaltungsgeschäften für die Gemeinde beschreibt. Beide Betätigungen unterscheiden sich also graduell durch das Erfordernis der Dauer, während inhaltlich ein wesentlicher Unterschied darin begründet liegt, daß ehrenamtliche Tätigkeit eine (bloße) Tätigkeit (irgendwelcher Art) für die Gemeinde, das Ehrenamt dagegen staatsorganisationsrechtlich qualifizierte Betätigung, nämlich Wahrnehmung von Verwaltungsgeschäften ist.

Da § 539 Abs. 1 Nr. 13 RVO den — offenbar weiteren — Begriff der ehrenamtlichen Tätigkeit aufgreift, wird letztlich auf ihn zu rekurrieren und der beiden Vorschriften, nämlich der kommunalrechtlichen und versicherungsrechtlichen, gemeinsame Sinn zu extrahieren sein. Ihm mag die nachfolgende Analyse dienen. Der Rechtsprechung scheint dieser (historisch gewollte) Unterschied allerdings noch nicht gegenwärtig geworden zu sein, wenn sie weiterhin undifferenziert für § 539 Abs. 1 Nr. 13 RVO am Ehrenamt festhält.

Soweit das Merkmal der Ehre in Frage steht, kennzeichnet die Vorschrift des § 20 GO NW beide Betätigungen, nämlich die ehrenamtliche und das Ehrenamt, als nebenberuflich. Sie hebt also ab auf die Unterscheidung zwischen (Haupt-)Berufsamtsverhältnissen und Ehrenamtsverhältnissen der Amtswalter. Das vom Erwerbsleben geprägte Grundverhältnis dient also als differentia specifica[253]. Dem kommt eine versicherungsrechtlich nicht unwesentliche Bedeutung gerade auch für kirchliche Ämter zu. In diesem Unterscheidungskriterium nämlich manifestiert sich der Unterschied innerhalb der Ämter nicht organisatorisch im Hinblick auf den Charakter ihrer organisationsrechtlichen Zurechnungsqualität, sondern allein vom Status des Amtswalters her, dessen Tätigkeit bei Ehrenamt und ehrenamtlicher Tätigkeit nicht haupt-, sondern nebenberuflicher Art ist. Die kommunalrechtliche Definition in § 20 GO NW macht deutlich, daß auch nach dem kommunalrechtlichen Amtsverständnis ein Unterschied zwischen Haupt- und Nebenämtern zu machen ist.

---

[251] In der Fassung der Bekanntmachung vom 19. Dez. 1974.

[252] Vgl. § 19 Bayer. GO; § 15 BW GO; § 21 Hess. GO; § 23 Nds. GO; § 18 Rh.-Pf. GO; § 24 Abs. 2 Saarl. GO; § 19 Schl.-H. GO.

[253] Vgl. *Wolff*, in: Wolff / Bachof, Verwaltungsrecht II, § 73 III.

Genau dem aber folgt auch die versicherungsrechtliche Regelung in § 539 RVO, wenn sie in § 539 Abs. 1 Nr. 1 RVO alle im öffentlichen Dienst hauptamtlich tätigen Personen unfallversicherungsrechtlich erfaßt, soweit sie nicht anderweit nach Spezialvorschriften bereits abgesichert sind[254], während der Ausdruck „ehrenamtliche Tätigkeit" den Unfallversicherungsschutz allen solchen nebenberuflich Tätigen eröffnet, die ihren Dienst bei einer Körperschaft des öffentlichen Rechts versehen, womit über die Art der amtsorganisatorischen Aufgabe noch nichts gesagt ist. Die Anbindung an den beruflichen Status ermöglicht also zunächst lediglich eine eindeutige versicherungsrechtliche Zuordnung zur Regelung des § 539 Abs. 1 Nr. 1 oder Nr. 13 RVO.

Stellt man aber mit der gemeinderechtlichen Regelung den Unterschied zwischen haupt- und nebenberuflichen Betätigungen in den Vordergrund, so sind zugleich Zweifel dahin anzumelden, ob man mit dem Bundessozialgericht[255] daran festhalten kann, daß ehrenamtliche Tätigkeit zugleich auch Unentgeltlichkeit bedeutet. Die Rechtsprechung selbst nimmt, wohl eher unbewußt als normativ geleitet, bereits eine Einschränkung dahin vor, daß sie ein geringes Entgelt als nicht rechtserheblich für den Versicherungsschutz gemäß § 539 Abs. 1 Nr. 13 RVO ansieht[256]. Geht man hingegen, wozu mangels anderweitiger Anhaltspunkte kein Anlaß besteht, mit der kommunalrechtlichen Regelung davon aus, daß das Ehrenamt und die ehrenamtliche Betätigung qualitativ vom Hauptamt dadurch geschieden sind, daß sie nebenberuflich wahrgenommen werden, so kommt es also zumindest primär nicht auf die Unentgeltlichkeit, sondern auf die haupt- oder nebenberufliche Beschäftigung an.

Ob ein solches Ehrenamt bzw. eine ehrenamtliche Betätigung durch die Unentgeltlichkeit ihrer Wahrnehmung charakterisiert sind, hängt nicht zuletzt davon ab, wie sie im Rechtsverkehr qualifiziert werden. Auch hierzu scheint es erforderlich zu sein, der gemeinderechtlichen, aber auch kirchenrechtlich positivierten Rechtsordnung in jedem Einzelfall ehrenamtlicher Tätigkeit oder der Wahrnehmung eines Ehrenamtes weitere Regelungen zu entnehmen, wie sie vor allen Dingen im Prinzip der Aufwandsentschädigung normiert worden sind[257].

Finden diese Überlegungen zur Entgeltlichkeit ehrenamtlicher Wahrnehmungszuständigkeiten nur am Rande Erwähnung, so ist für unseren kirchenamtsversicherungsrechtlichen Zusammenhang die Unterscheidung zwischen Ehrenamt und ehrenamtlicher Tätigkeit, die auch amts-

---

[254] *Wannegat*, Lehrbuch, S. 217 f.

[255] BSGE 39, 24 (29); *Brackmann*, Handbuch, S. 474 l.

[256] BSGE 39, 24 (29).

[257] Vgl. § 20 a Bayer. GO; § 19 BW GO; § 27 Hess. GO; § 29 Nds. GO; § 25 NW GO; § 18 Abs. 5 Rh.-Pf. GO; § 28 Saarl. GO; § 24 Schl.-H. GO.

organisatorisch determinierte Statusbeschreibung mithin, wesentlich bedeutungsvoller.

Während der engere Begriff „Ehrenamt“ die Übertragung von Verwaltungsgeschäften vorsieht, umfaßt der in § 539 Abs. 1 Nr. 13 RVO und § 20 Abs. 2 GO NW verwandte Begriff der ehrenamtlichen Tätigkeit alle Aufgaben, die (von der Gemeinde) zulässigerweise übertragen werden können und gleichwohl keine Verwaltungsaufgaben sind, sich also insbesondere auch im Fiskalbereich zu bewegen vermögen. Zur Illustration des Unterschiedes mögen einige Beispiele dienen. So werden im Kommunalrecht die verschiedensten Betätigungen als ehrenamtlich charakterisiert, etwa die Betreuung einer Ausländergruppe durch einen Ausländer, die Tätigkeit als Jugendgruppenleiter[258], Volks- oder Viehzähler[259], ja, für den Fiskalbereich gab es etwa den „Ehrenfeldhüter“[260].

Diese gesetzliche Unterscheidung zwischen dauernden Verwaltungsgeschäften und sonstigen Tätigkeiten (einfachen Geschäften der laufenden Verwaltung und Betätigungen im Fiskalbereich) wird nun auch wichtig für die Wahrnehmung kirchlicher Aufgaben. So unterscheidet etwa *Hans J. Wolff*[261] ganz generell zwischen kirchlichen Ämtern, die Eigenzuständigkeiten der Kirchen als juristische Personen des öffentlichen Rechts versehen, und nennt als Beispiel das Pfarramt, das Amt des Kantors oder Küsters, und solchen kirchlichen Ämtern, die unmittelbar der Verkündigung oder Sakramentsverwaltung dienen und nennt diese geistliche Ämter. Dies allerdings kommt der Unterscheidung kommunalrechtlicher Regelung zwischen Ehrenamt und ehrenamtlicher Tätigkeit nahe. Bei den kirchlichen Ämtern, die an den Status der Kirche als juristische Person des öffentlichen Rechts anknüpfen, liegt ihre Kennzeichnung als Verwaltungsgeschäfte nahe, während die geistlichen Ämter sich eher als (sonstige) ehrenamtliche Tätigkeiten begreifen lassen, die keine Verwaltungsgeschäfte darstellen. Hier läßt sich mit der verwaltungsrechtsdogmatischen Terminologie bereits deutlich machen, welchem amtsorganisatorischen Bereich das kirchliche Amt zuzuordnen ist.

Dies ist zu einer weiteren Erhellung der Tatbestände und ihrer Rechtsfolgen sicherlich auch für das Unfallversicherungsrecht erheblich, kann jedoch den versicherungsrechtlichen Status derjenigen, die ein Ehrenamt oder eine ehrenamtliche Tätigkeit ausüben, im Rahmen des

---

[258] *Kottenberg / Rehn*, Gemeindeordnung für das Land Nordrhein-Westfalen, § 20, Erl. II; *Rauball / Rauball*, Gemeindeordnung für Nordrhein-Westfalen, § 20, Erl. 2. Die Frage der Fiskalgeltung von Grundrechten bleibt hier außer Betracht.

[259] *Wolff*, in: Wolff / Bachof, Verwaltungsrecht II, § 86 V b 1.

[260] Siehe *Rauball / Rauball*, Gemeindeordnung für Nordrhein-Westfalen, § 20, Erl. 2.

[261] *Wolff*, in: Wolff / Bachof, Verwaltungsrecht II, § 73 II a 4.

§ 539 Abs. 1 Nr. 13 RVO letztlich nicht klären. Dieser Unterscheidung mag konstitutive Entscheidungserheblichkeit für andere Verwaltungsrechtsfragen zukommen, jedenfalls ist es aus versicherungsrechtlichen Gründen in Anlehnung an die Regelung der Gemeindeordnungen unabdingbar, daneben vor allen Dingen zwischen *Kirchenehrenämtern* und *sonstigen ehrenamtlichen Tätigkeiten für die Kirche* zu differenzieren. Knüpft man mit der positivrechtlichen Regelung des § 539 Abs. 1 Nr. 13 RVO an den weiteren Begriff der ehrenamtlichen Tätigkeit an, der, wie am Beispiel der Gemeindeordnungen gezeigt werden konnte, nicht nur hoheitliche Aufgaben umfaßt, was nicht zuletzt auch dadurch deutlich wird, daß bei der Verletzung der Rechte Dritter keine Amtshaftung, sondern lediglich eine zivilrechtliche Haftung nach §§ 823 ff. BGB begründet wird[262], so kommt es für unseren versicherungsrechtlichen Zusammenhang letztlich darauf an, neben der allgemeinen Aufgliederung nach kirchlichen und geistlichen Ämtern die versicherungsrechtlich bedeutsamen Tätigkeiten herauszuarbeiten.

Schreibt man die Unterscheidung zwischen Ehrenamt und ehrenamtlicher Tätigkeit fort, so reicht es aus unfallversicherungsrechtlichen Gründen aus, wenn die Betätigung für die Institution Kirche nicht soweit reicht, daß sie die einer Staatsaufgabe gleichkommenden Merkmale eines Verwaltungsamtes erfüllt, sondern lediglich Wahrnehmung einer sonstigen besonderen kirchlichen Aufgabe ist. Die spezifischen Qualifikationserfordernisse des Ehrenamtes werden also für den Unfallversicherungsschutz kirchlicher Ämter nicht gefordert. Da aber der Begriff der ehrenamtlichen Tätigkeiten ansonsten alle weiteren Kriterien des Ehrenamtes enthält, stellt es einen zulässigen Schluß dar, die Wahrnehmung eines Ehrenamtes auch dem Schutz der gesetzlichen Unfallversicherung nach § 539 Abs. 1 Nr. 13 RVO zu unterstellen. Daß die nach den oben genannten Kriterien ermittelten — lediglich — ehrenamtlich Tätigen dagegen auch unfallversichert sind, wird für den Bereich des Gemeinderechts nicht in Zweifel gezogen[263].

Der eigene Bereich kirchlicher Selbstbestimmung ist überschritten, wo es um die sozialversicherungsrechtliche Versorgung und die soziale Existenz der ehrenamtlichen kirchlichen Bediensteten als Angehörige des Gemeinwesens geht[264]. Der staatliche Sozialversicherungsschutz ergreift diese kirchlichen Ämter, auch wenn sie nicht dem staatsrechtlichen Begriff des öffentlichen Amtes genügen sollten[265]. Es ist daher

---

[262] Siehe stellvertretend *Rauball / Rauball*, Gemeindeordnung für Nordrhein-Westfalen, § 20, Erl. 2.

[263] Auch dazu stellvertretend *Rauball / Rauball*, Gemeindeordnung für Nordrhein-Westfalen, § 20, Erl. 2.

[264] Siehe auch *Martens*, Öffentlich als Rechtsbegriff. S. 150 ff.

[265] Zu dieser Unterscheidung von öffentlichen und kirchlichen Ämtern auch *Martens*, Öffentlich als Rechtsbegriff. S. 149 f.

in dieser Allgemeinheit die Aussage von *H. Weber*[266] nicht zutreffend, daß kirchliche Ehrenämter auf ihre geistliche Wirkung beschränkt sind und nicht in den weltlichen Bereich ausstrahlen. Anhand der unfallversicherungsrechtlichen Regelung der Reichsversicherungsordnung konnte überdies mehrfach gezeigt werden, daß solche kirchen- oder staatsrechtlichen Aussagen einer dogmatischen Ontologie gleichkommen, die von der gesetzlichen Regelung nicht gedeckt ist.

Es soll daher nunmehr exemplarisch untersucht werden, ob der Gesang im Kirchenchor eine Tätigkeit oder gar ein Amt im Sinne des § 539 Abs. 1 Nr. 13 RVO ist.

VI. Die Rechtsprechung zum kirchlichen Chorgesang als ehrenamtlicher Tätigkeit im Sinne des § 539 Abs. 1 Nr. 13 RVO und der Erkenntnisfortschritt des Ministrantenurteils

Kommt es nach der unfallversicherungsrechtlichen Regelung des § 539 Abs. 1 Nr. 13 RVO ersichtlich darauf an, daß die Tätigkeit für die Kirche als Institution ausgeübt wird, so hatte das Bundessozialgericht für das Mitglied eines *evangelischen* Kirchenchores entschieden, daß dessen Betätigung nicht unfallversicherungspflichtig sei[267]. Es stützte seine Argumentation letztlich entscheidend darauf, daß — wobei es im übrigen vom Erfordernis eines Kirchenamtes ausging — ein eigener Pflichtenkreis gegenüber der Kirche als Körperschaft nicht begründet sei, sondern die Verpflichtung nur gegenüber dem Chor und seinen Mitgliedern bestehe, die Wahrnehmung der Sängeraufgabe also nicht institutionell, sondern mitgliedschaftlich begründet werde[268].

Mithin scheint schon der eigene Pflichtenkreis des Chormitgliedes problematisch zu sein. Unter Berufung auf Kirchenvorschriften führt das Gericht aus, der Chor trage ein gottesdienstliches Amt, während von den Chormitgliedern „ein Leben der Zucht und der Eingliederung in das Leben der kirchlichen Gemeinschaft, in das sie ihr Amt tragen würden, im vollen Gefühl ihrer gottesdienstlichen Verantwortung gefordert werde. Daraus sei jedoch nur ersichtlich, daß das einzelne Chormitglied sich in den Chor und allgemein in die kirchliche Gemeinschaft einzugliedern habe[269].“ Dem Unfallversicherungsschutz nach der Reichsversicherungsordnung unterfalle dagegen, um eine Umschreibung von Lauterbach[270] wiederzugeben, nur echte (?) ehrenamtliche Tätigkeit für

[266] NJW 1967, S. 1645.

[267] BSGE 34, 163 ff.; ebenso Landessozialgericht Nordrhein-Westfalen vom 1. August 1972 — AZ L 5 U 193/71.

[268] BSGE 34, 163 (168).

[269] BSGE 34, 163 (168).

[270] Unfallversicherung, § 539 Anm. 80.

die Kirche und nicht nur eine der eigenen Person dienende, aus der Teilnahme am kirchlichen Leben folgende gottesdienstliche Verrichtung.

Ohne auf weitere Einzelheiten einzugehen, kann man sagen, daß der ehrenamtliche Charakter des Chorgesanges abgelehnt wurde, und zwar dies nicht nur in amtsorganisatorischer, sondern auch — was besonders wichtig ist — in statusrechtlicher Hinsicht.

Von dieser Entscheidung ist das Bundessozialgericht später für *katholische* Kirchenchorsänger abgerückt, wobei allerdings nicht verschwiegen werden sollte, daß das Urteil von einem anderen Senat gefällt worden ist, und dieser eine rechtlich wesentliche Veränderung der Rechtsprechung nicht zu erkennen vermochte.

Den rechtlichen Unterschied und die entscheidungserheblichen Gründe für die Gewährung von Unfallversicherungsschutz sah der erkennende Senat bei der unfallversicherungsrechtlichen Erfassung eines katholischen Kirchenchormitgliedes nunmehr als gegeben an. Unter Hinweis darauf, daß selbst der *2. Senat,* nachdem er Unfallversicherungsschutz für evangelisch-lutherische Kirchenchormitglieder verneint hatte[271], möglicherweise bei der späteren Gewährung des Versicherungsschutzes für Ministranten im katholischen Gottesdienst nunmehr weniger strenge Maßstäbe anlegen wollte, verwirft der *8. Senat* letztlich die Auffassung des *2. Senats,* daß die Sangespflicht durch die Mitgliedschaft im Chor vermittelt sei[272]. Wenngleich auch der *8. Senat,* entgegen der hier entwickelten Auffassung, der „Bewertung einer Tätigkeit durch die Kirchenverordnung als Ausübung eines Amtes lediglich wesentliche Anhaltspunkte für die Auslegung des § 539 Abs. 1 Nr. 13 RVO" beimißt[273], den kirchenrechtlichen Vorschriften hingegen die ihnen mangels gesetzlicher Vorschriften an sich zukommende konstitutive Wirkung versagt, so kommt er gleichwohl zu dem Ergebnis, es lasse sich nicht feststellen, daß die Mitglieder eines katholischen Kirchenchores keinen eigenen Pflichtenkreis wahrnähmen. Unter Berufung auf die Ausführungen des angegriffenen landessozialgerichtlichen Urteils, denen sich der *8. Senat* weitgehend anschließt, kommt er zu der Überzeugung, daß katholische Chormitglieder einen liturgischen Dienst leisten, der als Pflicht des „Singens von Meßtexten" einen verantwortlich wahrzunehmenden Pflichtenkreis gegenüber der Kirche darstelle[274].

Mit dem Landessozialgericht führt das Bundessozialgericht dazu aus, die Chorsänger erfüllten ihre liturgischen Handlungen als Mitwirkungspflicht am priesterlichen, prophetischen und königlichen Amt Christi

---

271 Vgl. BSGE 34, 163.

272 BSGE 40, 141 ff. = SGb. 1976, S. 68 ff.

273 BSGE 40, 144 = SGb. 1976, S. 69 ff.

274 BSGE 40, 144 f. = SGb. 1976, S. 69.

für die Kirchengemeinde. Die Pflichten würden sowohl gegenüber der Kirche als Körperschaft des öffentlichen Rechts, als auch gegenüber der versammelten Kirchengemeinde wahrgenommen. Dies lasse auch die sachverständige Auskunft des Diözesanverwaltungsrats erkennen, wonach Chormitglieder ehrenamtlich tätig würden. Der *8. Senat* des Bundessozialgerichts faßt seine Auffassung dahin zusammen[275], daß die nicht nur vorübergehende Mitwirkung im Kirchenchor einer römisch-katholischen Kirche nach der Ausgestaltung des Kirchenchores, wie er sie durch die katholische Kirche erfahren habe und nach dem Sinn und Zweck des § 539 Abs. 1 Nr. 13 RVO, der für denjenigen Unfallversicherungsschutz vorsehe, der im wesentlichen unentgeltlich für die öffentlich-rechtliche Körperschaft im Rahmen eines übernommenen Pflichtenkreises tätig werde, eine ehrenamtliche Tätigkeit darstelle. Dazu beruft der Senat sich im übrigen auf ähnliche Erwägungen des *2. Senats* in seinem Urteil zum Versicherungsschutz der Ministranten[276].

Eine gewisse Divergenz gegenüber dem Urteil des *2. Senats* des Bundessozialgerichts läßt sich bei aller vornehmen Zurückhaltung des *8. Senats* nicht übersehen. Aber auch hier fällt auf, daß das Kirchenrecht lediglich indiziell zur Auslegung herangezogen wird, während die konstitutive Bedeutung des Kirchenrechts und des kirchlichen Amtsbegriffs nicht erkannt wird. Die Rechtsstellung des Chorsängers nach katholischem Kirchenrecht, insbesondere der Begriff des Ehrenamtes, wird nicht weiter untersucht. Man begnügt sich im wesentlichen mit der Auskunft des Diözesanverwaltungsrates, während, und dies macht den Unterschied im Rechtsfindungsprozeß deutlich, die Kirchenrechtssätze hier als Rechtsnormen hätten angewandt werden müssen. Diesem normativ-kirchenrechtlichen Aspekt des Chorsängerstatus soll daher im folgenden weiter nachgegangen werden.

VII. Die Kriterien des kirchlichen Amtsbegriffs

Findet sich im staatlichen Rechtsbereich im Rahmen des Kommunalrechts die Unterscheidung zwischen dem *Ehrenamt* und der *ehrenamtlichen Tätigkeit,* so kennt das katholische Kirchenrecht die Unterscheidung zwischen Kirchenämtern im weiteren und im engeren Sinne. Eine solche Unterscheidung ist der Kirche — unabhängig davon, daß der Amtsbegriff auch im staatlichen Teilsystem nicht definiert ist — wegen der aus Art. 137 Abs. 3 WRV folgenden kirchlichen Ämterhoheit zu eigenständiger Regelung überlassen. Demzufolge unterscheidet etwa das kirchliche Amtsrecht, das im übrigen keinen einheitlichen Amts-

[275] BSGE 40, 145 f. = SGb. 1976, S. 70.

[276] Siehe BSGE 39, 24.

begriff verwendet[277], bei den kirchlichen Ämtern nicht in jenem staatsrechtsrelevanten Sinne, zwischen Ämtern, deren Wahrnehmung Ausübung der Eigenzuständigkeiten der Kirchen als juristische Personen des öffentlichen Rechts ist, und geistlichen Ämtern, deren Wahrnehmung unmittelbar der Verkündung und der Sakramentsverwaltung dienen[278]. Vielmehr prägt es eine Unterscheidung zwischen Ämtern im engeren oder weiteren Sinne (bzw. strengeren oder weiteren Sinne[279]) aus und folgt damit allein kirchenrechtlichen Bedürfnissen und einem entsprechenden Amtsverständnis. Diesen kanonistischen Kirchenamtsbegriff gilt es daher im folgenden zu entfalten.

Unabdingbare Voraussetzung eines Kirchenamtes i.S.d. c. 145 CIC ist zunächst, daß die übertragene Aufgabe eine bestimmte, sich gleichbleibende Summe von Tätigkeiten umfaßt, deren Erfüllung auf Dauer übertragen ist. Im weiteren Sinne fällt darunter jede Aufgabe (munus), die zu einem geistlichen Zwecke rechtmäßig ausgeübt wird[280]. Im Hinblick auf die Dauer ist der kirchenrechtliche Amtsbegriff also bereits enger als die kommunalrechtliche Umschreibung ehrenamtlicher Tätigkeit, die alle zulässigerweise übertragenen Aufgaben umfaßt. Im Kirchenrecht findet damit bereits eine exakte Aufgaben- und Zuständigkeitsverteilung statt, deren Wahrnehmung einem ganz bestimmten Amtswalter überdies auf Dauer übertragen wird. Diese Ämter im weiteren Sinne, zu denen, um einige Beispiele zu nennen, neben dem Küster und dem Organisten auch Kirchensänger gezählt werden[281], unterscheiden sich von den Kirchenämtern im engeren Sinne dadurch, daß diese nach göttlicher oder kirchlicher Anordnung dauernd errichtet sein, nach bestimmten, in der Rechtsordnung vorgesehenen Normen verliehen werden und (einigermaßen) Anteil an der Kirchengewalt — d. h. Weihe- oder Jurisdiktionsgewalt — einräumen müssen. Hier wären beispielhaft das Amt des Papstes und der Bischöfe sowie des Patriarchen, Metropoliten, Pfarrers usw. zu nennen. Nimmt man zur Amtsbestimmung des c. 145 noch c. 118 CIC hinzu, so erhellt, daß nur Kleriker ein Kirchenamt im engeren Sinne ausüben können, da nur sie an der kirchlichen Weihe- und Jurisdiktionsgewalt teilhaben können[282]. Es geht also bei dieser Befugnisverteilung um die aus dem kirchlichen Auftrag folgende Delegation abgestufter kirchlicher Hoheitsgewalt.

---

[277] Vgl. stellvertretend *Mörsdorf*, Lehrbuch des Kirchenrechts I, S. 273.

[278] So *Wolff*, in: Wolff / Bachof, Verwaltungsrecht II, § 73 II a.

[279] So *Mörsdorf*, Lehrbuch des Kirchenrechts I, S. 272.

[280] Vgl. stellvertretend *Jone*, Gesetzbuch der lateinischen Kirche, S. 174; *Mörsdorf*, Lehrbuch des Kirchenrechts I, S. 273 f.

[281] *Jone*, Gesetzbuch der lateinischen Kirche, S. 174.

[282] Siehe dazu *Jone*, Gesetzbuch der lateinischen Kirche, S. 174; *Mörsdorf*, Lehrbuch des Kirchenrechts I, S. 273.

VIII. Kirchenamt und versicherungsrechtliches Ehrenamt

Beide Arten von Ämtern, sowohl diejenigen im engeren als auch diejenigen im weiteren Sinne, erfüllen bereits das staatlich geforderte Minimum des Amtsbegriffs, gehen also über das, was eine ehrenamtliche Tätigkeit erfordert, weit hinaus. Selbst wenn diese kirchenrechtliche Unterscheidung und Beschreibung von Kirchenämtern nicht intendiert, einer staatsrechtlich orientierten Amtsbeschreibung nahezukommen, so läßt sich doch sagen, daß sowohl das Kirchenamt im engeren wie im weiteren Sinne ein auf einen Menschen bezogener institutionalisierter Inbegriff von Wahrnehmungszuständigkeiten ist, wie dies allgemein für staatliche Ämter gefordert wird[283]. Das Bundessozialgericht geht daher in seinem Urteil vom 4. Febr. 1975 (Az.: 2/8 Ru 34/73), S. 13, zutreffend davon aus, daß nicht nur ehrenamtlich Tätige im Bereich der Verwaltungsorgane und der Kirchenverwaltung ein Ehrenamt i.S.d. § 539 Abs. 1 Nr. 13 RVO ausüben können. Vielmehr ist, wie der vom Bundessozialgericht allerdings nicht berücksichtigte Blick auf die kommunalrechtliche Regelung deutlich gemacht hat, jede Tätigkeit, soweit sie für die Kirchen ehrenamtlich ausgeübt wird, versicherungsrechtlich geschützt. Der aus der kirchlichen Ämterhoheit abgeleitete, im staatsrechtlichen Sinne gleichwohl engere Amtsbegriff fordert weder nach der Entstehungsgeschichte noch nach dem Gesetzeswortlaut eine Einschränkung des Versicherungsschutzes. Anhaltspunkte für eine solche Beschränkung des Versicherungsschutzes lassen sich nicht finden[284].

Überdies geht der doppelte Amtsbegriff der katholischen Kirche über das, was in § 539 Abs. 1 Nr. 13 RVO als lediglich ehrenamtliche Tätigkeit gefordert wird, hinaus, da *beide* Amtsbegriffe selbst die engeren Voraussetzungen des Ehrenamtes erfüllen, wenn man an die kommunalrechtliche Unterscheidung anknüpft. Soweit also ein Amt im kirchenrechtlichen Sinne vorliegt und damit eine dem Wesen der öffentlichen Körperschaft entsprechende amtliche Tätigkeit gegeben ist, besteht kein Anlaß, diese Amtswalter vom Versicherungsschutz auszuschließen[285].

Ebensowenig steht dem Sozialversicherungsschutz die unterschiedliche Terminologie der kirchenrechtlichen Literatur entgegen, die von Amt, Dienst, Pflicht, Aufgabe usw. handelt[286], da dies zum einen auf den Gebrauch der verschiedenen lateinischen Wörter „munus, officium, ministerium“, zum anderen aber auch auf die verschiedenen Übersetzungen zurückzuführen ist[287]. Mit *Hans J. Wolff*[288] und dem Bundes-

---

283 Zum Amtsbegriff *Wolff*, in: Wolff / Bachof, Verwaltungsrecht II, § 73 I.

284 Vgl. BSGE 39, 24 (29).

285 Vgl. BSGE 39, 24 (29).

286 Vgl. *Jone*, Gesetzbuch der lateinischen Kirche, S. 173 f.

287 Vgl. Bayer. LSG, Breith. 62 (1973), S. 361 (363).

288 *Wolff*, in: Wolff / Bachof, Verwaltungsrecht II, § 73 I a.

sozialgericht[289] ist also davon auszugehen, daß diese kirchenrechtsdogmatischen Unterschiede in der Terminologie eine unterschiedliche Behandlung in der Sache, d. h. des Unfallversicherungsschutzes, nicht erfordern.

Selbst wenn man aber die Kirchenämter im weiteren Sinne, zu denen nach der Kirchenrechtsdogmatik auch das Amt des Kirchensängers zu rechnen ist, nicht als Ehrenamt ansehen wollte, lägen bei allen Kirchenämtern per definitionem jedenfalls die Minimalvoraussetzungen der ehrenamtlichen Tätigkeit, wie sie oben beschrieben wurden[290] und für den Unfallversicherungsschutz in § 539 Abs. 1 Nr. 13 RVO nur verlangt werden, unzweifelhaft vor.

IX. Die Kriterien kirchlicher Ehrenämter unter besonderer Berücksichtigung des Chorsängers und Ministranten

Die Kriterien kirchlicher Ehrenämter und ihre versicherungsrechtliche Bedeutung lassen sich anhand der Rechtsprechung entwickeln, wenn man dem (ursprünglichen) Argument der sozialgerichtlichen Entscheidung, wonach gerade Chorsänger kein Kirchenamt ausüben, nachgeht. Dies erfordert die Untersuchung, ob die Betätigung der Chorsänger versicherungsrechtlich dem *Chor* als Vereinigung zuzurechnen ist, die Sangespflicht also auch für ein Mitglied im katholischen Kirchenchor anderweitig vermittelt wird, ohne ein Amt — im weiteren Sinne — für die Kirche darzustellen.

Hier lassen sich nun verschiedene kirchenrechtliche Vorschriften der katholischen Kirche anführen, die insgesamt belegen, daß ein Chorsänger ein Kirchenamt ausübt. Gem. Art. 93 Buchst. c der Instruktion der Ritenkongregation über die Kirchenmusik vom 3. September 1958 üben Chormitglieder, wenn sie von der zuständigen kirchlichen Autorität zur Ausübung der Kirchenmusik beauftragt sind und ein solches Amt („officium") in der nach den kirchlichen Vorschriften festgelegten Weise wahrnehmen, einen direkten geistlichen Dienst, d. h. also ein Amt im weiteren Sinne aus. Dies trifft immer dann zu, wenn sie einen „Chor" bilden, wobei dies gem. Art. 93 Buchst. c i.V.m. Art. 100 auch für gemischte bzw. reine Frauen- oder Mädchenchöre gilt (vgl. hierzu in *dieser* Arbeit, unten, Anhang IV).

Ergibt sich bereits aus c. 145 CIC, daß ein Kirchenamt nur dann institutionalisiert ist, wenn es sich um einen *eigenen* begrenzten Aufgabenkreis des Amtswalters handelt, so gibt der Kanon 1185 CIC weitere Kriterien für die Amtswaltereigenschaft von Kirchenchormitgliedern

[289] BSGE 39, 24 (29).

[290] S. 81 ff.

an. Danach sind die Sänger und Sängerknaben neben dem Sakristan, dem Organisten, dem Läutepersonal usw. sog. *niedere Kirchendiener*, die nach allgemeinem Kirchenrecht vom Kirchenrektor allein ernannt, ihm unterstellt und auch von ihm entlassen werden[291]. Für den hier behandelten organisationsrechtlichen Zusammenhang ist festzuhalten, daß auch nach diesen Vorschriften Berufung, Aufsicht und Entlassung eines Chormitgliedes, dem Beamtenstatus durchaus vergleichbar, förmlich institutionalisiert sind. Daß der Chor überdies als für den Gottesdienst unabdingbare ständige Einrichtung angesehen wird, erhellt daraus, daß gem. Art. 99 der Instruktion der Ritenkongregation über die Kirchenmusik vom 3. September 1958 für die Kathedralkirchen, die Pfarrkirchen und alle übrigen Kirchen von größerer Bedeutung die Gründung eigener und ständiger Chöre vorgeschrieben ist.

Das eigentliche Bedenken der Rechtsprechung, daß nämlich die Pflichten eines Kirchenchormitgliedes nach *evangelischem* Kirchenrecht mitgliedschaftlich vermittelt seien[292], läßt sich mithin für die *katholische* Kirche und ihre Chorsänger ohne weiteres aus dem Wege räumen[293].

Die Konstitution über die heilige Liturgie „Sacrosanctum Concilium" des Zweiten Vatikanischen Konzils[294] ordnet in Art. 29 an: „Auch die Ministranten, Lektoren, Kommentatoren und die Mitglieder der Kirchenchöre vollziehen einen wahrhaft liturgischen Dienst. Deswegen sollen sie ihre Aufgabe in aufrichtiger Frömmigkeit und in einer Ordnung erfüllen, wie sie einem solchen ‚Dienst' (so die Übersetzung) entspricht und wie sie das Volk mit Recht von ihnen verlangt. Deshalb muß man sie, jeden nach seiner Weise, sorgfältig in den Geist der Liturgie einführen und unterweisen, auf daß sie sich in rechter Art und Ordnung ihrer Aufgabe unterziehen." Diese Anordnung macht deutlich, daß die Aufgaben des Sängerchores nicht lediglich gegenüber den Chormitgliedern — einem Gesangverein ähnlich —, sondern der Gemeinde gegenüber bestehen. Hier wird gerade unter Bezugnahme auf das persönliche Verhalten der Chormitglieder deutlich gemacht, daß die katholische Kirche als Institution, die den liturgischen Dienst einsetzt und ihn sich ihr zurechnen läßt, sich auch das Verhalten der Chormitglieder selbst in ihrer eigenen Verantwortung für die Gemeinde zurechnen lassen will. Dies aber schließt aus, davon zu sprechen, daß hier lediglich Pflichten des Chormitgliedes gegenüber dem Kirchenchor begründet werden.

---

[291] Vgl. *Jone*, Gesetzbuch der lateinischen Kirche, S. 433.

[292] So BSGE 34, 163 (168).

[293] BSG, SGb. 1976, S. 66; für die evangelische Kirche müßte dies kirchenamtstheoretisch noch untersucht werden.

[294] Vgl. AAS 56 (1964), S. 97 ff.; siehe dazu in *dieser* Arbeit, unten, Anhang V.

Ebenfalls bedeutsam für den versicherungsrechtlichen Zusammenhang ist die Tatsache, daß in diesen Kirchenrechtsvorschriften *Ministranten* und *Chormitglieder funktional gleichgestellt werden*, was, da das Bundessozialgericht — wie sich aus den vorliegenden Erörterungen ohne weiteres ergibt — zutreffend zunächst Unfallversicherungsschutz der Ministranten bejaht hatte, das Gericht selbst offenbar zu dem (zwingenden) Schluß veranlaßte, auch Chormitgliedern katholischer Kirchenchöre Unfallversicherungsschutz zuzusprechen.

War also zunächst — anders als bei Ministranten — die mitgliedschaftsrechtliche Seite von Chorsängern problematisch, so ist dieses Bedenken kraft ausdrücklicher kirchenrechtlicher Regelung beiseite geräumt und auch in der sozialgerichtlichen Judikative hinlänglich berücksichtigt worden. Liturgie nämlich ist für den Ministranten *und* den Chorsänger amtlicher Gottesdienst der Kirche (cultus publicus), der im Namen der Kirche von den durch die kirchliche Autorität dazu bestellten Personen in einer kirchenrechtlich geordneten Form vollzogen wird, c. 1256 CIC. Daß liturgischer Dienst ganz allgemein „Amt" im Sinne des Sozialversicherungsrechts sein kann, wurde, wie die Rechtsprechung zeigt, überdies auch vom Bundessozialgericht nicht bezweifelt. Die insoweit tätigen Sänger sind daher Organwalter der Kirche, die zugleich im Namen der Kirche und kraft ihrer Übertragung Aufgaben im Chor wahrnehmen[295].

Diese, der katholischen Kirche gegenüber wahrzunehmenden Choraufgaben der Sänger legt die Instruktion der Ritenkongregation über die Musik in der Liturgie vom 5. März 1967[296] in ihrer sakramentalen Beziehung der Gemeinde gegenüber, d. h. also außenwirksam, um im organisationsrechtlichen Bilde zu bleiben, im einzelnen fest und bestimmt damit die Modalitäten, d. h. den amtlichen Gehalt der Betätigung, in dessen Rahmen sie sich das Verhalten der Chormitglieder zurechnen lassen will.

Daß diese Pflichten nur der Gemeinde gegenüber bestehen, außenwirksam also über den kirchlichen Bereich nicht hinausdringen, steht der Wahrnehmung eines Amtes ebenfalls nicht entgegen. Bei den Kirchen bestehen, wie bei vergleichbaren Körperschaften und Anstalten, etwa des Sozialversicherungsrechts, die Pflichten nämlich regelmäßig nur gegenüber den Mitgliedern und nicht gegenüber der Allgemeinheit außerhalb der Körperschaft oder Anstalt[297].

Die Wahrnehmung eines Amtes ist hier also eo ipso an den organisationsrechtlichen Status einer Wahrnehmung gegenüber den Mitglie-

[295] Vgl. für Ministranten ebenso Bayer. LSG, Breith. 62 (1973), S. 361 (364).

[296] AAS 59 (1967), S. 300 ff.; auszugsweise abgedruckt in *dieser* Arbeit, unten, Anhang VI.

[297] So BSGE 39, 24 (29).

dern gebunden. Die Amtsrechtssätze beschränken ihre Wirksamkeit auf jenen Bereich kirchlicher, ansonsten staatlicher Untergliederungen, deren Effizienz sie im Vollzuge des ihnen zukommenden — internen — Auftrages sicherstellen sollen. Die Amtswaltertätigkeit ist jeweils durch den mitgliedschaftlich gesteckten Handlungsrahmen definiert. Kirchliche Ämter erschöpfen sich mithin aus organisationsrechtlichen Gründen bereits in ihren auf die Mitglieder beschränkten Wahrnehmungszuständigkeiten.

Neben diesen, den persönlichen Bereich der Chormitglieder betreffenden Pflichten (Status) weist die Instruktion der Ritenkongregation über die Musik in der Liturgie vom 5. März 1967[298] dem Chor und ausdrücklich auch den Sängern in der Art der Wahrnehmung ihres Dienstamtes (amtsorganisatorisch), einen besonderen Platz in den liturgischen Handlungen zu, wenn es in Nr. 13 heißt: „Die liturgischen Handlungen sind Feiern der Kirche, das heißt des unter dem Bischof oder Priester geeinten und geordneten heiligen Volkes. Einen besonderen Platz in ihnen nehmen aufgrund ihrer Weihe der Priester und seine Ministri ein, aufgrund ihres Dienstamtes die Ministranten, Lektoren, Kommentatoren und Sänger.“ Nr. 19 der Instruktion der Ritenkongregation über die Musik in der Liturgie führt dies weiter aus und hebt hervor, daß der Sängerchor aufgrund der Ausübung seines liturgischen Dienstes besonders erwähnt zu werden verdiene. Die kirchliche Vorschrift weist dem Chor wegen seiner besonderen Funktion (munus) beim Gottesdienst einen besonderen Platz an und verpflichtet die Sänger, die ihnen zukommenden Teile gut und verständlich vorzutragen.

Eine weitere minutiöse Wiedergabe der kirchenrechtlichen Bestimmungen über die fest umrissenen Aufgaben des Chores erscheint angesichts des bisher analysierten Befundes nicht erforderlich. Jedenfalls werden hier kirchenrechtlich exakt beschriebene Zuständigkeiten für bestimmte liturgische Aufgaben umschrieben, die nach vorgegebenen genauen Instruktionen über ihre liturgische und geistliche Funktion durch die Sänger wahrzunehmen sind.

Daß die Sänger bei Ausübung ihres Amtes zugleich Teil der versammelten Gemeinde sind, ergibt sich aus dem religiösen Auftrag und Ziel der Glaubensgemeinschaft. Man kann die der Kirche zuzurechnende und ihr gegenüber wahrzunehmende Aufgabe des Sängers nach Maßgabe der Ritenkongregation zusammenfassend so umschreiben, daß der Sänger unter Berufung in den Chor und aufgrund besonderer Qualifikation und Ausbildung auf Dauer beauftragt ist, nach den Vorschriften des Kirchenrechts innerhalb der Liturgie exakt determinierte Aufgaben

---

[298] AAS 59 (1967), S. 300 ff.; auszugsweise abgedruckt in *dieser* Arbeit unten, Anhang VI.

wahrzunehmen (peculiare munus agere). Die Institutio Generalis Missalis Romani vom 6. April 1969 bekräftigt dies, indem es auch dort in Art. 63 heißt, daß der Chor eine eigene liturgische Aufgabe (munus) versehe[299].

X. Ehrenamt und Unentgeltlichkeit

Am Ende der kirchenrechtlichen Untersuchung soll der ehrenamtlichen Ausübung kirchlicher Dienste noch unter dem Aspekt nachgegangen werden, daß man der Leitvorstellung der Unentgeltlichkeit folgt[300]. Wie oben[301] gezeigt, bedeutet ehrenamtlich im Sinne des § 539 Abs. 1 Nr. 13 RVO, daß das Amt nicht hauptberuflich übernommen sein darf. Selbst wenn man einmal davon ausgeht, daß der Ausdruck „ehrenamtlich" Unentgeltlichkeit bedeutet, so ist die Mitgliedschaft im katholischen Kirchenchor — ebenso wie die Amtswahrnehmung eines Ministranten und weiterer vergleichbarer Personen — auch durch ein solches Rechtsverhältnis vermittelt. Die Instruktion der Ritenkongregation über die Kirchenmusik vom 3. September 1958 bestimmt in Art. 101, daß neben anderen auch Chorsänger und andere im Dienste der Kirche stehende Personen ihre Aufgaben aus religiöser Gesinnung um Gottes Lohn und unentgeltlich (nullo interveniente stipendio) zu leisten haben. Nur wo dieses nicht geschehen *könne*, gebiete die christliche Gerechtigkeit und Liebe, daß die Kirchenleitung nach landesüblichem Brauch und unter Beobachtung der staatlichen Gesetze eine gerechte Entlohnung zahle. Prinzipiell geht das katholische Kirchenrecht also davon aus, daß auch die Mitgliedschaft im Kirchenchor ehrenamtlich, nämlich unentgeltlich und damit ohne Vergütungsanspruch wahrgenommen wird. Das kirchliche Amt des ehrenamtlichen Chorsängers ist demnach im kirchenrechtlichen Rechtsverständnis dadurch gekennzeichnet, daß es nebenberuflich, vor allem also auch unentgeltlich wahrgenommen wird.

Dem entsprachen auch die der Rechtsprechung zur Entscheidung vorgelegten Fälle des Ministranten und Chorsängers. Den Klägern war trotz geringer Beträge zu bescheinigen, daß sie wegen ihrer Tätigkeit für die Kirche eine Vergütung nicht erhielten. Eine geringfügige „Anerkennungszahlung" (0,40 bis 1,00 DM), die in die Ministrantenkasse abgeführt wurde, hat das BSG[302] als einer ehrenamtlichen Betätigung der Ministranten nicht entgegenstehend bezeichnet. Die Wahrnehmung der Aufgaben geschah daher in Erfüllung eines kirchlichen Ehrenamtes.

---

[299] Vgl. auch Art. 274, der die Nr. 23 der Instruktion der Ritenkongregation vom 5. März 1967 wiederholt; abgedruckt in *dieser* Arbeit, unten, Anhang VII.

[300] Vgl. oben, S. 21 ff.

[301] S. 81 ff.

[302] BSG, Urt. v. 18. 12. 1974, S. 12 f.; in der amtlichen Sammlung, BSGE 39, 24 ff., ist dieser Passus nicht abgedruckt.

Als Ergebnis kann festgehalten werden, daß die Mitglieder im katholischen Kirchenchor ebenso wie die in Art. 101 der Instruktion der Ritenkongregation vom 3. September 1958 genannten Personen nach dem Organisationsrecht der katholischen Kirche ein Ehrenamt, zumindest aber eine ehrenamtliche Tätigkeit in jenem weiten Sinne des § 539 Abs. 1 Nr. 13 RVO wahrnehmen. War mit der Entscheidung des Bundessozialgerichts[303] klargestellt, daß auch liturgischer Dienst, nämlich der des Ministranten, ein Kirchenamt und somit versicherungsrechtlich nach § 539 Abs. 1 Nr. 13 RVO geschützt ist, so ergibt sich das gleiche für Mitglieder im katholischen Kirchenchor aus den vorhergehenden staatskirchenrechtlichen, sozialversicherungsrechtlichen und kirchenrechtlichen Überlegungen. Dies ist eine Feststellung, der sich das Bundessozialgericht nunmehr auch für Mitglieder in *katholischen Kirchenchören* nicht mehr entzieht. Entsprechende Schlußfolgerungen für *evangelische ehrenamtliche kirchliche Bedienstete* zu ziehen, wird weiteren Einzeluntersuchungen vorbehalten bleiben müssen[304]. *Die ursprünglichen Argumente, die die Rechtsprechung gegen den Versicherungsschutz vorgebracht hat, sind dabei auch für den evangelischen kirchlichen Bediensteten als widerlegt anzusehen.* Seine sozialversicherungsrechtliche Position wird ebenfalls durch staatskirchenrechtliche, sozialversicherungsrechtliche und kirchenrechtliche Regelungen festgeschrieben. Dies bedeutet vor allem, daß es das evangelische Kirchenorganisationsrecht zu berücksichtigen und seinen Regelungen die Rechtsstellung kirchlicher Bediensteter zu entnehmen gilt.

XI. Exemplarische Darstellung versicherungsrechtlich bedeutsamer Haupt- und Ehrenämter

Es versteht sich von selbst, daß die vorstehend dargelegten Erörterungen zu den Kriterien des Kirchenamtes und seiner Einbindung in das Recht der gesetzlichen Unfallversicherung für alle Kirchenämter immer dann gelten, wenn die geforderten Voraussetzungen vorliegen. Dies wird im jeweiligen Bedarfsfalle zu untersuchen sein, so daß es entbehrlich ist, die Palette kirchlicher Ämter an dieser Stelle zu entfalten. Es seien zur Ergänzung lediglich einige weitere Ämter der katholischen Kirche vorgestellt, um die Spannweite des Unfallversicherungsschutzes zu verdeutlichen.

Kirchenämter im engeren und weiteren Sinne unterfallen dem Unfallversicherungsschutz, wenn sie im Rahmen eines Beschäftigungsverhältnisses ausgeübt werden und anderweitiger Schutz — im Sinne des § 541

---

[303] BSGE 39, 24.

[304] Vgl. BSG, SGb. 1976, S. 69 und die Anmerkung von *Wickenhagen*, S. 71.

RVO — nicht begründet ist oder wenn sie ehrenamtlich ausgeübt werden.

Um der Ausübung des aus göttlicher Einsetzung stammenden kirchlichen Dienstamtes willen geschieht die Aufnahme in den Stand der Kleriker, wobei ihr Unterschied gegenüber den Laien auf göttlichem Recht beruht (c. 107 CIC). Bei den Klerikern, den Priestern und Diakonen also, müssen ihr dienstrechtlicher Grundstatus als Kleriker und das Dienstrecht in bezug auf die im Einzelfall ausgeübte Funktion unterschieden werden. Zugleich wird durch die Inkardination, d. h. die Eingliederung in den geistlichen Heimatverband, auch ein besonderes Grunddienstverhältnis des Klerikers zu seinem Bischof begründet. Dieses Inkardinationsverhältnis beinhaltet neben verschiedenen Pflichten u. a. auch das Recht auf eine umfassende soziale Für- und Vorsorge während der auf Lebenszeit zugesagten Verpflichtung zum Dienst in der Kirche und begründet für sie damit einen anderweitigen Schutz i.S.d. § 541 RVO. Soweit dies sowohl für die ständigen Diakone als auch für die Priester gilt, müssen bei den Diakonen mit Zivilberuf Einschränkungen gemacht werden. Sie üben ihre kirchliche Tätigkeit in ihrer Freizeit aus und erhalten dafür, so etwa in der Diözese Münster, lediglich eine Aufwandsentschädigung ohne weitere soziale Absicherung; sie werden ehrenamtlich tätig.

Im liturgischen Dienst sind weiter eine Reihe von Handlungen ehrenamtlich wahrzunehmen. Nr. 13 der — im Anhang VI auszugsweise abgedruckten — Instruktion der Ritenkongregation vom 5. März 1967 nennt hier insbesondere die Ministranten, Lektoren, Kommentatoren und Sänger. Aber auch der Kantor, der Organist und weitere mit liturgischen Ämtern betraute Personen können Unfallversicherungsschutz in Anspruch nehmen. Der im Anhang abgedruckte Kanon 1185 CIC enthält weiterhin eine Aufzählung der vom Kirchenrektor zu ernennenden niederen Kirchendiener, zu denen diese Vorschrift den Sakristan, die Sänger, den Organisten, die Sängerknaben, das Läutepersonal und die Totengräber zählt. Soweit diese Personen beschäftigt sind, erhalten sie Versicherungsschutz nach § 539 Abs. 1 Nr. 1 RVO, soweit sie ehrenamtlich tätig sind nach § 539 Abs. 1 Nr. 13 RVO.

Faßt man den Unfallversicherungsschutz unter einem Allgemeinprinzip zusammen, so können hauptberuflich tätige kirchliche Bedienstete nach § 539 Abs. 1 Nr. 1 RVO, *für* sie handelnde Personen nach § 539 Abs. 2 i.V.m. Abs. 1 Nr. 1 RVO Versicherungsschutz erlangen; alle ehrenamtlich tätigen Personen hingegen sind gem. § 539 Abs. 1 Nr. 13 RVO und die *für* sie Handelnden nach § 539 Abs. 2 i.V.m. Abs. 1 Nr. 13 RVO unfallversichert.

Fünfter Teil

Der Schutzzweck der Unfallversicherung als Schadensregulativ

Bei den vorstehenden Ausführungen stand der staats- und kirchenrechtliche Aspekt der Organisation und der dazu berufenen Organwalter im Vordergrund der versicherungsrechtlichen Problematik. Nachfolgend sollen aus versicherungsrechtlicher Sicht weitere Argumente entfaltet werden, die deutlich machen, daß auch das Versicherungsprinzip der Unfallversicherung einen Rechtsschutz anstrebt, der kirchliche Bedienstete mit erfaßt. Dieses Rechtsprinzip läßt vor allem die Vorbehalte der Rechtsprechung gegen den Unfallversicherungsschutz im kirchlichen Bereich an Bedeutung verlieren. Es stellt zugleich Denkverbote auf, deren Berücksichtigung eine restriktive Auslegung der unfallversicherungsrechtlichen Vorschriften und damit die einschränkende Gewährung von Unfallversicherungsschutz ausschließen. Es gebietet im Gegenteil, *extensiven* Unfallversicherungsschutz zu gewähren. Selbst wenn man auf die sozialrechtliche Dogmatik abhebt und einmal die Bedeutung kirchenrechtlicher Argumente für den Sozialversicherungsschutz vernachlässigt, so wird deutlich, daß die Rechtsprechung auch aus spezifisch sozialrechtlichen Gründen ihr Urteil zu revidieren hat, soweit dies noch nicht geschehen ist. Nachfolgend sollen daher aus der sozialversicherungsrechtlichen Regelung diejenigen topoi entwickelt werden, die es gebieten, Sänger und ihnen vergleichbare kirchliche Amtsinhaber als Inhaber eines Ehrenamtes im Sinne des § 539 Abs. 1 Nr. 13 RVO anzusehen. Damit steht, wie gerade in dem Grenzbereich kirchlicher Ehrenämter deutlich wird, die Frage nach dem Ziel und dem möglichen „Rechtsgrund“ der Unfallversicherung im Vordergrund der Betrachtung.

Ohne hier in eine eingehende Untersuchung eintreten zu wollen oder zu müssen, läßt sich die Entwicklungsgeschichte der Unfallversicherung in ihren markanten Stationen prägnant dahin zusammenfassen, daß sie den heute in drei abgeschichteten Gruppierungen erfaßten Personenkreisen der unselbständig Beschäftigten, der selbständig Beschäftigten und der im sog. öffentlichen Interesse Tätigen und ihnen vergleichbaren Personen[305] Rechtsschutz gewährt.

---

[305] Dazu *Brackmann*, Handbuch, S. 470 f.; *Noell*, Die gesetzliche Unfallversicherung der Unternehmer, S. 105.

Ursprünglich auslösender Faktor der Gesetzgebungsinitiative zur Abdeckung von Unfallfolgen war hingegen die industrielle Entwicklung mit ihren für den Industriearbeitnehmer verbundenen Unfallgefahren und sonstigen Risiken[306]. Mit dem Beschäftigungsverhältnis, durch das Personen in die fremde Sphäre Dritter eintraten, ergab sich das Bedürfnis nach einem sichernden Schutzrecht. Leistungsauslösender Versicherungsfall war und ist vielleicht als Regeltyp auch heute noch der Arbeitsunfall, der in einem kausalen Zusammenhang mit dem Beschäftigungsverhältnis stehen muß und sich nach Kriterien der Adäquanz[307] oder wesentlichen Bedingung[308] richten soll. Liegen diese Voraussetzungen vor, so findet eine Zurechnung des Unfallereignisses zum Arbeitsverhältnis statt.

Daneben gibt es einen zweiten, für die nicht arbeitstypischen Versicherungsfälle etwa kirchlich ehrenamtlich Tätiger wohl wesentlicheren Aspekt der Unfallversicherung. Dieser ist letztlich wohl in der besonderen gesetzgeberischen Motivation zur Schaffung eines Unfallversicherungsschutzrechtes zu suchen. Im Recht der gesetzlichen Unfallversicherung wird nämlich nicht wie nach zivilrechtlichem Haftungsrecht primär und mitentscheidend auf die Schadensverantwortung, sondern auf die soziale Lage des Betroffenen abgestellt und ein sozialer Ausgleich angestrebt[309]. Diese soziale Sicherung zielt darauf ab, gerade solche Gefahren abzudecken, die durch eine fremdbestimmte Tätigkeit bedingt sind, also von der „betrieblichen Sphäre“ ausgehen.

War diese betriebliche Sphäre ursprünglich der Arbeitswelt und ihrer existentiellen Bedeutung entnommen, so hat der Gesetzgeber diesen arbeitnehmerorientierten Bereich gleichwohl mehrfach überschritten, wie etwa der Versicherungsschutz landwirtschaftlicher Unternehmer, Kleinunternehmer und Küstenschiffer in § 539 Abs. 1 Nr. 5 und 6 RVO zeigen; ja selbst durch freiwilligen Beitritt können Unternehmer Versicherungsschutz herbeiführen (§ 543 RVO). Auch hier steht wiederum weniger der systematische Zusammenhang als vielmehr die gesetzgeberische Motivation im Vordergrund, bei Konstatierung eines besonderen Schutzbedürfnisse Versicherungsschutz nach dem Leistungskatalog der Unfallversicherung zu gewähren. Selbst die ursprüngliche ver-

---

306 Vgl. *Bulla*, Der Dienst- und Arbeitsunfall als Institut des Allgemeinen Verwaltungsrechts, S. 13 ff.; *v. Heinz*, Entsprechungen und Abwandlungen, passim.

307 Vgl. *Brackmann*, Handbuch, S. 480 c.

308 Vgl. BSGE 1, 72; 8, 275; 11, 50; 12, 242; *Brackmann*, Handbuch, S. 480 e; *Gitter*, Schadensausgleich im Arbeitsunfallrecht, S. 121; *Wertenbruch*, Sozialverwaltungsrecht, S. 400 f.

309 *Bulla*, Der Dienst- und Arbeitsunfall als Institut des Allgemeinen Verwaltungsrechts, S. 209 f.; *Leverenz*, SGb. 1961, S. 262; *Wannagat*, Lehrbuch, S. 336; *Watermann*, Kausalität und Finalität im Recht der gesetzlichen Unfallversicherung, S. 136.

sicherungsrechtliche Anknüpfung an die Unselbständigkeit[310] ist damit durch die Unfallversicherungsgesetzgebung überschritten. Ähnlich den gerade genannten Unternehmern ist im übrigen auch noch weiteren sog. arbeitnehmerähnlichen Selbständigen nach § 539 Abs. 1 Nr. 2 und 3 RVO die gesetzliche Unfallversicherung geöffnet.

Da auch hier zumindest noch gegenseitige Versicherungsleistungen — nämlich Beiträge und schadensregulierende Versicherungsleistungen — erbracht werden, soll der Frage nach dem „Versicherungscharakter", also der versicherungsrechtlichen Rechtsnatur der Unfallversicherung, nicht weiter nachgegangen[311], sondern es sollen lediglich einige Schlaglichter zu Standortbestimmung und Grenzen der Unfallversicherung gesetzt werden.

Diese Grenzüberschreitung wird virulent, wo die Unfallversicherung zu einem reinen staatlichen „Versorgungssystem" zu werden droht. Das ganze Gefüge der Unfallversicherung, ja der Sozialversicherung überhaupt, mit seinen verfassungsrechtlich auch vorgegebenen grundrechtlichen Determinanten des Privatversicherungsschutzes[312], kann bei einer solchen Grenzüberschreitung auseinanderbrechen. Dabei kann überdies das systematische Gefüge der Sozialleistungsbereiche zueinander verloren gehen, wenn etwa traditionelle Leistungen der Sozialhilfe als sekundärer Lebenssicherung[313] im Wege der sog. unechten Unfallversicherung[314] im Versorgungswege abgedeckt werden[315]. Selbsthilfe und Selbstversorgung könnten auf diese Weise ebenso beseitigt werden wie die Selbstbestimmung und Selbstverwaltung im Sozialrecht[316].

Knüpft man wieder am geltenden Unfallversicherungsrecht an, so nimmt der Gesetzgeber durch die Hereinnahme der sog. „im öffentlichen Interesse tätigen Personen" die weitere Grenzüberschreitung einer Arbeitnehmerschutzversicherung vor (§ 539 Abs. 1 Nr. 7 - 13, 14 - 16 RVO). In sich wiederum sind sie eine inhomogene Gruppe, die vom Nothelfer, Blut- oder Transplantatspender über Schüler, Kindergartenkinder und Studierende bis hin zu den ehrenamtlich Tätigen reicht.

---

[310] Vgl. *Wertenbruch*, Sozialverfassung — Sozialverwaltung, S. 135.

[311] Vgl. dazu *Gitter*, Schadensausgleich im Arbeitsunfallrecht, S. 53 ff.; *Krohn*, Die soziale Unfallversicherung im System des Rechts, S. 28; *Wannagat*, Lehrbuch, S. 15.

[312] Vgl. *Rode*, Sonderbeilage der „Versicherungswirtschaft", Heft 18 vom 15. September 1970.

[313] Vgl. § 2 BSHG; *Wannagat*, Lehrbuch, S. 31 ff.; *Wolff*, Verwaltungsrecht III, § 138 II; *Wertenbruch*, Sozialverfassung — Sozialverwaltung, S. 178 f.

[314] Vgl. *Wertenbruch*, Sozialverfassung — Sozialverwaltung, S. 136.

[315] Vgl. *Wolff*, Verwaltungsrecht III, § 139 III b 1; *Wertenbruch*, Sozialverwaltungsrecht, S. 356 f.

[316] Vgl. *Wertenbruch*, Festschrift für Horst Peters, S. 203 ff.

Gemeinsam ist ihnen von unfallversicherungsrechtlicher Relevanz nur, daß bei ihnen kein Beschäftigungsverhältnis vorliegt und, was für die herausgearbeiteten unfallversicherungsrechtlichen Kriterien *wichtiger* ist, daß auch sie in fremder Sphäre tätig werden[317].

Eine Erfassung kirchlicher Sänger und anderer ehrenamtlich Tätiger kommt daher nur unter den versicherungsrechtlichen Anknüpfungspunkten der Unselbständigkeit und der Amtswahrnehmung in der Sphäre Dritter in Betracht, wobei diese Sphäre Dritter Unfallversicherungsschutz ganz generell geboten sein läßt, weil der Amtswalter oder Dienstnehmer nur beschränkt die Möglichkeit hat, auf seinen Beschäftigungsort und die Bedingungen seiner Arbeitswelt Einfluß zu nehmen[318].

Diese Analyse des gesetzlichen Befundes hat gezeigt, daß, wenn man überhaupt noch bereit ist, von einer systematischen Erfassung unfallversicherter Personenkreise durch den Gesetzgeber zu sprechen, *die sich im positiven Recht ausdrückende Tendenz des Gesetzgebers dahin geht, weitgehend Unfallversicherungsschutz zu gewähren.* Sozialpolitische Erwägungen eines möglichst weitgezogenen Schutzrechtes stehen hier gegenüber einer rechtsnormativ-systematischen Erfassung von Lebenssachverhalten im Vordergrund. Betrachtet man diejenigen Personenkreise, welche neben Arbeitnehmern, die in einem Beschäftigungsverhältnis stehen, erfaßt werden, so wird neben der reinen Schutzfunktion (Kindergartenkinder, Schüler, Studenten) vor allem auch mit Blick auf die selbständigen Unternehmer deutlich, daß es sich hier um eine versicherungsrechtliche Vorsorge handelt, bei der ganz generell die Versicherten selbst die Beiträge nicht erbringen[319], die sie aber, soweit sie für öffentlich-rechtliche Träger — auch ehrenamtlich — tätig werden, im voraus verdient haben[320]. Die Versicherten erbringen — ehrenamtlich — Leistungen an oder für Körperschaften in deren Sphäre, durch deren Erfüllung sie sich erhöhter Unfallgefahr aussetzen. „Verdient" erscheint es dann durchaus, wenn sie — auch sonst lediglich ein Ehrenamt ausübend — dafür wenigstens gegen mögliche Unfallgefahren und damit verbundene Gefährdung des sozialen Status versichert werden. Wenn aber sogar Kindergartenkindern, Schülern und Studenten die gesetzliche Unfallversicherung geöffnet wurde, bei denen verdiente Beiträge wohl kaum im Vordergrund stehen, dann sollte

---

317 Vgl. *Canaris*, RdA 19 (1966), S. 41 ff.; *Larenz*, JuS 1965, S. 373 ff.

318 Vgl. *Lauterbach*, Unfallversicherung, § 539 Anm. 80 b, S. 144/1, i.V.m. Anm. 6 a, S. 116/1, und Anm. 7 a, S. 116/3; *Miesbach / Baumer*, § 539 Rdnr. 7, S. 34.

319 Die rechtliche Konstruktion ist hier über ein öffentlich-rechtliches Rechtsverhältnis mit Schutzwirkung zugunsten Dritter zutreffend charakterisiert, vgl. *Wertenbruch*, Sozialverfassung — Sozialverwaltung, S. 115.

320 *Wolff*, Verwaltungsrecht III, § 139 III b.

allen, die es ehrenamtlich übernommen haben, Aufgaben öffentlichrechtlicher Körperschaften und damit auch der Kirche wahrzunehmen, der gesetzliche Unfallversicherungsschutz nach § 539 Abs. 1 Nr. 13 RVO zukommen, zumal gerade sie in einem weiteren Sinne für die Gemeinschaft und damit im öffentlichen Interesse tätig werden[321].

Es soll nicht bestritten werden, daß ein derart weitgesteckter Versicherungsschutz einen gewissen „Fremdkörper" in der Unfallversicherung darstellt[322]. Der Gesetzgeber aber vermag solche systemorientierten Begrenzungen zulässig zu überschreiten, soweit er die oben skizzierten rechtlichen und sachlogischen Grenzen einhält, wie er dies gerade in der Unfallversicherung getan hat. Das System wird überdies weniger noch durch die Aufnahme solcher Personen, die bei den Kirchen ehrenamtlich tätig sind, als vielmehr durch die Hereinnahme von Schülern, Studenten oder gar den bereits als aufnahmeerforderlich diskutierten Verkehrsopfern[323] in Frage gestellt.

Die gesetzgeberische Tendenz geht unbestreitbar dahin, als abgeltungsbedürftig erkannte Schadensfälle mit dem Instrumentarium der Unfallversicherung abzudecken. Dabei lassen sich unter motivorientierten, aber auch unter systematischen Gesichtspunkten verschiedene Aspekte der Unfallversicherung feststellen, nämlich eine *haftpflichtrechtliche Anknüpfung*[324] ebenso wie eine *Gefährdungshaftung*[325] und schließlich der von der Mittelaufbringung mitbestimmte und auf Risikoabdeckung und Selbstvorsorge gerichtete und von der h. M. betonte *Versicherungscharakter*[326].

Sieht man all diese Aspekte, so besteht kein Anlaß, Personen, die für die Kirchen haupt- oder ehrenamtlich tätig werden, vom Unfallversicherungsschutz auszunehmen, da bei ihnen noch am ehesten die vorgetragenen Merkmale und haftungsbegründenden Kriterien des § 539 Abs. 1 Nr. 1 und 13 RVO vorliegen. Sie alle nehmen *Aufgaben* wahr, die ihnen vom Träger übertragen werden und deren Übertragung

---

321 Vgl. BSGE 39, 24 (29 f.); *Martens*, Öffentlich als Rechtsbegriff, S. 150; *Scheuner*, HdbStKirchR, Bd. 1, S. 70 ff.; *Schlaich*, HdbStKirchR, Bd. 2, S. 231 ff.; *Weber*, Religionsgemeinschaften, S. 77 ff.

322 Vgl. *Bulla*, Der Dienst- und Arbeitsunfall als Institut des Allgemeinen Verwaltungsrechts, S. 182 ff.; *Gitter*, Schadensausgleich im Arbeitsunfallrecht, S. 71; *Jantz*, Prinzipien der Gesetzgebung in der Unfallversicherung, S. 15 ff.; *Krohn*, Die soziale Unfallversicherung im System des Rechts, S. 23 ff.; *Wannagat*, NJW 1960, S. 1601.

323 Siehe *Deutsch*, JZ 1968, S. 725 f.; *Eike v. Hippel*, Schadensausgleich bei Verkehrsunfällen, S. 115 f.; *Kötz*, AcP 170 (1970), S. 14.

324 *Wertenbruch*, Sozialverwaltungsrecht, S. 399.

325 *Krohn*, Die soziale Unfallversicherung im System des Rechts, S. 28; *Wannagat*, Lehrbuch, S. 13; *ders.*, NJW 1960, S. 1601.

326 Vgl. stellvertretend *Gitter*, Schadensausgleich im Arbeitsunfallrecht, S. 53.

wegen der aus dem Glauben folgenden Selbstbestimmung und Selbstverwirklichung der Religionsgemeinschaften unerläßlich ist. Diesen versicherungsrechtlichen Argumenten der Wahrnehmung kirchlicher Ämter wird sich auch die Rechtsprechung auf Dauer nicht entziehen können.

Darüber hinaus muß man bei dem Versicherungsschutz ehrenamtlich tätiger Personen bedenken, daß, selbst wenn man dem Unfallversicherungsrecht eine konsequente Systematik abspricht, der weitgespannte Personenkreis auf eine extensive Gewährung von Versicherungsschutz schließen läßt. Hinzu kommt, daß der Gesetzgeber im Unfallversicherungsrecht Begriffe aus anderen Rechtsgebieten entlehnt hat, nämlich den der ehrenamtlich Tätigen, die er nicht definiert, sondern der Selbstbestimmung der Versicherungsgruppierungen überläßt.

Unter der generellen Voraussetzung, daß der Sozialversicherungsgesetzgeber weitgehend Unfallversicherungsschutz gewähren will und auch eine hinreichende systematische Durchgliederung des Unfallversicherungsrechts zugunsten einer am sozialen Sicherungsbedürfnis ausgerichteten Zielvorstellung hintanstellt, zeigt, daß der versicherungsrechtlich geschützte Personenkreis expansiven Charakter hat und nicht auf Einschränkung angelegt ist. Jedenfalls läßt sich kein erkennbarer Anhalt dafür finden, daß der Gesetzgeber bei der von ihm nicht vorgenommenen exakten Standortbestimmung des Unfallversicherungsrechts und der dadurch abgesicherten Personengruppen aus seinem System sozialer Sicherung gerade Mitglieder der Kirchen, die für ihre Kirche ehrenamtlich tätig werden, ausnehmen wollte, wenn er zugleich die versicherungsrechtlich notwendige Bestimmung des geschützten Personenkreises der Selbstbestimmung der öffentlichen Körperschaften überläßt. Auch die sozialversicherungsrechtlichen Motivationen und topoi machen damit deutlich, daß ehrenamtlich tätige Mitglieder der Kirchen nach § 539 Abs. 1 Nr. 13 RVO unfallversichert sind.

Schluß

§ 539 Abs. 1 Nr. 13 RVO ist durch das Unfallversicherungsneuregelungsgesetz vom 30. April 1963 (BGBl. I 241) eingeführt worden. Dabei hat man vor allem den Unfallversicherungsschutz für die große Anzahl ehrenamtlich tätiger Personen in der Verwaltung und Rechtspflege, insbesondere auch für die bei den gemeindlichen Selbstverwaltungskörperschaften sowie den Sozialversicherungsträgern und ganz allgemein für die im Interesse der Allgemeinheit ehrenamtlich tätig werdenden Personen berücksichtigen wollen. Demzufolge hat man den Versicherungsschutz auf die für juristische Personen des öffentlichen Rechts ehrenamtlich Tätigen erstreckt[327].

Diese Neuregelung hat für den Versicherungsschutz kirchlicher Ämter und ihrer Amtswalter bewirkt, daß auch sie dem Schutz der gesetzlichen Unfallversicherung unterfallen. Soweit also das Kirchenrecht Ämter ausprägt, eröffnet der Gesetzgeber in § 539 Abs. 1 Nr. 1 RVO für hauptamtliche kirchliche Bedienstete, soweit sie nicht anderweitig abgesichert sind, und in § 539 Abs. 1 Nr. 13 RVO für ehrenamtlich Tätige den gesetzlichen Unfallversicherungsschutz.

Soweit dargetan ist, daß die kirchliche Betätigung ursächlich für den Unfall war, treten die gesetzlichen Rechtsfolgen in vollem Umfang ein[328]. Das Kirchenrecht und das Kirchenamt weisen also über den innerkirchlichen Rechtskreis hinaus und setzen damit rechtserhebliche Tatbestände und Normen auch für das staatliche Recht der gesetzlichen Unfallversicherung. Staat und Kirche als Souveräne ihrer Rechtssätze gehen im Unfallversicherungsrecht eine rechtliche Bindung ein, indem beide gesellschaftlichen Ordnungen einen Lebenssachverhalt mit je eigenen Rechtsfolgen belegen, wobei der staatliche Gesetzgeber Normen der kirchlichen Rechtsordnung in seine Vorschriften aufnimmt. Der gelegentlich aufbrechende Gegensatz zwischen Staat und Kirche ist im Recht der gesetzlichen Unfallversicherung zugunsten einer normativen Harmonisierung beider Rechtsbereiche überwunden. Der Staat stellt für sicherungsbedürftige Lebenslagen, die sich bei der Verwirklichung kirchlichen Rechts ergeben, seinen Schutz zur Verfügung, indem er das Kirchenrecht normativen Eingang in seine Unfallversicherungsvor-

---

[327] Vgl. amtliche Begründung BT-Drucks. IV/120, S. 52 zu § 539 Abs. 1 Nr. 13.

[328] z. B. auch beim Wegeunfall, vgl. das Meßdienerurteil BSGE 39, 24 = Archiv für katholisches Kirchenrecht, Bd. 143 (1974), S. 530 ff.

schriften finden läßt. Wenn dies dabei die „negative“ Auswirkung hat, daß die Kirchen Beiträge zur Unfallversicherung zu zahlen haben, so ist dies Ausfluß des Versicherungsprinzips, das, jedenfalls im wesentlichen, Ausfluß der Haftung von Solidargemeinschaften ist. Wollen die kirchlichen Mitglieder Leistungen der Unfallversicherung in Anspruch nehmen, so sind vorab wie allgemein in der Unfallversicherung Beiträge zu erbringen.

Anhang

I. Entscheidungen des Bundessozialgerichts

1. Ein Mitglied eines Kirchenchores einer *katholischen* Kirchengemeinde übt eine ehrenamtliche Tätigkeit im Sinne des § 539 Abs. 1 Nr. 13 RVO aus und unterliegt der gesetzlichen Unfallversicherung.

(nichtamtlicher Leitsatz)

BSG, Urteil vom 19. 8. 1975 — 8 RU 234/74 —, abgedruckt in: BSGE 40, 139 = ZevKR 21 (1976), S. 84 ff. = SGb. 1976, S. 66 ff. mit Anmerkung von *Wickenhagen.*

Gründe

I.

Die 1922 geborene Klägerin rutschte, nachdem sie am dritten Adventssonntag, dem 17. Dezember 1967, als Mitglied des katholischen Kirchenchores in B. im Gottesdienst mitgesungen hatte, beim Herabgehen von der Orgelempore auf der frischgeölten Treppe aus und zog sich dabei einen Knöchelbruch links zu. Die Minderung der Erwerbsfähigkeit (MdE) wurde über die 13. Woche nach dem Unfall hinaus auf vorläufig 100 v.H. geschätzt.

Mit Bescheid vom 13. September 1968 lehnte die Beklagte eine Unfallentschädigung ab, da weder ein Arbeitsverhältnis im Sinne des § 539 Abs. 1 Nr. 1 der Reichsversicherungsordnung (RVO) vorgelegen habe noch die Klägerin als Kirchenchormitglied wie eine Arbeitnehmerin im Sinne des § 539 Abs. 2 RVO tätig geworden sei. In einem Schreiben vom 2. September 1968 hatte die Beklagte dem Klägervertreter ferner mitgeteilt, daß die Klägerin auch keine ehrenamtliche Tätigkeit im Sinne des § 539 Abs. 1 Nr. 13 RVO ausgeübt habe. Das Sozialgericht (SG) Ulm hat durch Urteil vom 25. Februar 1971 den Bescheid vom 13. September 1968 aufgehoben und die Beklagte verurteilt, der Klägerin wegen des Unfalls vom 17. Dezember 1967 die gesetzlichen Leistungen zu gewähren. Auf die Berufung der Beklagten hat das Landessozialgericht (LSG) nach Einholung einer sachverständigen Auskunft des Diözesanverwaltungsrats Rottenburg vom 30. April 1974 das Urteil des SG aufgehoben und die Klage abgewiesen (Urteil vom 14. August 1974). Es hat u. a. ausgeführt, ein Kirchenchormitglied sei keine der Kirche oder Kirchengemeinde gegenüber ehrenamtlich tätige Person im Sinne des § 539 Abs. 1 Nr. 13 RVO. Diese Frage sei nicht danach zu beurteilen, was die Katholische Kirche darunter begreife, sondern danach, was nach der betreffenden RVO-Bestimmung darunter zu verstehen sei. Die Bewertung einer Tätigkeit durch die Kirchenordnung als Ausübung eines „Amtes" könne allenfalls ein Anhaltspunkt für die Auslegung des fraglichen Begriffes sein (vgl. BSG vom 27. April 1972 in BSG 34, 163 ff. — im Falle eines evangelischen Kirchenchormitgliedes). Dementsprechend stelle das Bundessozialgericht (BSG) in dieser Entscheidung nach Auswertung der einschlägigen Literatur fest, daß dem Amt, also auch der ehrenamtlichen Tätigkeit, das Besorgen eines bestimmten „Kreises von Geschäften“ oder eines „geordneten Wirkungskreises“ oder eines „verantwortlich wahrzunehmenden Pflichtenbereiches“ für die Körperschaft eigen sei. Diese Voraussetzung treffe jedoch nicht auf ein Kirchenchormitglied und damit auf die Klägerin nicht zu. Die Aufgaben und Pflichten eines Chormitglieds ergäben sich vielmehr in rechtlicher Hinsicht ausschließlich aus der Mitgliedschaft im Chor. Rechtlich obliege ihm also keine eigenverantwortliche Pflicht unmittelbar der Kirche oder Kirchengemeinde gegenüber. Die Pflicht zur Mitwirkung dieser Institutionen gegenüber nehme es nur mittelbar auf Grund seiner Mitgliedschaft im Kirchenchor wahr. Entgegen der Ansicht der Klägerin gelte dies auch für ein katholisches Kirchenchormitglied. Zwar leiste dieses nach der „Ordnung des kirchlichen Dienstes der Diözese Rottenburg vom Jahre 1960“ einen liturgischen Dienst, da es zur feierlichen Gestaltung des Gottesdienstes, insbesondere durch Singen von Meßtexten, beizutragen hätte. Ferner heiße es in den Nummern 29 und 115 der Konstitution des Zweiten Vatikanischen Konzils über die Heilige Liturgie vom 4. Dezember 1963, daß die Chorsänger und Chorsängerinnen wie die Ministranten, Lektoren u. a. einen liturgischen Dienst vollzögen. Dieser „Dienst“ werde in Instruktionen der Heiligen Ritenkongregation über die Musik in der Liturgie vom 5. März 1967 u. a. noch näher dahin konkretisiert, daß die Chorsänger den Gesang der Gläubigen in geeigneter Weise zu führen und zu stützen, insbesondere bei liturgischen Handlungen mit größerer Feierlichkeit und mit höheren gesanglichen Anforderungen zu singen hätten. Diesen kirchlichen Anordnungen und Vorschriften sei aber nur zu entnehmen, daß die Chorsänger den dort beschriebenen „Dienst“ in ihrer Gesamtheit auszuüben hätten und sonach die Pflicht zu diesem Dienst keine eigenverantwortliche, sondern aus der Chormitgliedschaft sich ergebende Pflicht darstelle. Maßgeblich sei nicht, daß die Chorsänger gegenüber der Kirchengemeinde einen „Dienst“ zu verrichten oder ein „Amt“ wahrzunehmen hätten, sondern daß dieser Dienst oder das Amt auf einem eigenverantwortlichen Pflichtenkreis des einzelnen Chormitgliedes beruhe. Dies sei hier aber nicht der Fall. Die Chormitglieder erfüllten keine andere Pflicht (allenfalls in hervorgehobenem Maße) als die der übrigen Gemeindemitglieder oder der Gemeinde, weshalb ihr Pflichtenkreis gemeinschaftsgebunden und nicht eigenverantwortlich sei. Wie sich aus der genannten Entscheidung des BSG ergebe, übten auch in der Evangelisch-Lutherischen Kirche die evangelischen Chormitglieder ein Amt, also einen „Dienst“ aus, wie es teilweise in den entsprechenden Vorschriften der Diözese Rottenburg heiße. Dies mache aber nur ersichtlich, daß das einzelne Chormitglied anders als bei einer ehrenamtlichen Tätigkeit (im Sinne der RVO) keinen eigenen Pflichtenkreis im Sinne eines Ehrenamtes wahrzunehmen, sondern sich in den Chor und allgemein in die Kirchengemeinschaft einzugliedern habe. Im übrigen sei die Mitwirkung der katholischen Kirchenmitglieder, die nach den Nummern 10 und 11 der Dogmatischen Konstitution über die Kirche vom 21. November 1964 am „Amte Christi“ teilnähmen, theologisch und nicht rechtlich begründet; dies gelte auch für die mit größerer Feierlichkeit an ihre Stelle tretenden Chormitglieder. Deren Mitwirkungspflicht gegenüber der Gemeinde beruhe nur auf der Chormitgliedschaft und damit nicht auf einem eigenverantwortlichen Pflichtenkreis.

Gegen dieses Urteil hat die Klägerin die zugelassene Revision eingelegt, die sie u. a. damit begründet, dem Urteil des 2. Senats des BSG vom 27. April 1972 könne nicht gefolgt werden. Zu Unrecht gehe dieses Urteil und das LSG davon aus, daß das Ehrenamt einen eigenen Pflichtenkreis des einzelnen Amtsträgers voraussetze. Diese Auffassung werde durch die Figur des Laienrichters widerlegt. Dieser sei nur Beisitzer. Nicht er fälle das Urteil, sondern das Gericht. Er bereite das Urteil auch nicht durch ein Votum vor oder setze es ab. Er gebe zur Beratung nur „seine Stimme“. Dieser Ausdruck sei nicht nur ein Wortspiel, er deute auch eine Verwandtschaft mit der Tätigkeit eines Chormitgliedes an. Wenn er auch nicht „im Chor“ der anderen Richter abstimmen solle, so sei es doch das Kennzeichen der Tätigkeit des Laienrichters, daß er ehrenamtlich an der Entscheidung eines Kollegialorgans mitwirke und nicht selbständig entscheide. Im übrigen könne die Art und Weise der Pflichterfüllung bis in jede Einzelheit so vorgeschrieben sein — und das sei bei einer ganzen Reihe von Ämtern auch so —, daß dem Amtsträger kein eigener Entscheidungsspielraum verbleibe; trotzdem verliere seine Tätigkeit nicht den Charakter der Amtsausübung; auch der die Messe zelebrierende Geistliche sei an vorgeschriebene Riten usw. gebunden, übe aber gleichwohl ein Amt aus. Aus diesen Erwägungen ergebe sich, daß eine ehrenamtliche Tätigkeit auch in der Mitwirkung an einer gemeinschaftlichen Leistung mehrerer Personen bestehen könne. Auch die Meinung, Aufgaben und Pflichten des einzelnen Chormitgliedes ergäben sich ausschließlich aus der Mitgliedschaft im Chor, sei unzutreffend. Der Chor habe keine eigene Rechtspersönlichkeit. Ein rechtliches Band zwischen dem Chor und dem einzelnen Sänger bestehe nicht. Die Aufgaben und Pflichten des Chorsängers ergäben sich deshalb aus seiner Berufung zum Chorsänger, nicht aus dem Beitritt zu einer Organisation „Kirchenchor“. Es sei sonach rechtstechnisch verfehlt, von Chor-„Mitgliedschaft“ zu sprechen. Selbst beim Gesangverein bestehe das Mitgliedschaftsverhältnis zum Verein und nicht zu dem vom Verein unterhaltenen Chor. Der 2. Senat habe nicht die nötigen Folgerungen daraus gezogen, daß die Definitionen des Ehrenamtes aus der Verwaltungssphäre stammten. Im liturgischen Ablauf hätten Kirchenmusik und Kirchengesang eine herausragende Bedeutung. Die Aufgaben eines Vorsängers oder sonstigen Kirchenmusikers im Rahmen der Liturgie seien deshalb als Amt anzusehen, ebenso wie die des Kirchenchorleiters, woran auch der 2. Senat nicht zweifle. Die Aufgaben der Chorsänger unterschieden sich davon nicht ...

Die Klägerin beantragt,

das angefochtene Urteil aufzuheben und die Berufung der Beklagten gegen das Urteil des Sozialgerichts Ulm vom 25. Februar 1971 zurückzuweisen.

Die Beklagte beantragt,

die Revision zurückzuweisen.

Sie hält das angefochtene Urteil für zutreffend und den Vergleich mit einem ehrenamtlichen Richter für unangebracht. Das Chormitglied hebe sich aus dem Kreis der übrigen Gemeindemitglieder nur stimmlich, nicht dagegen rechtlich oder kirchenrechtlich heraus.

II.

Die form- und fristgerecht eingelegte sowie begründete und durch Zulassung statthafte Revision ist in der Sache begründet.

Nach der Vorschrift des § 539 Abs. 1 Nr. 13 RVO, die hier allein in Betracht kommt, sind in der Unfallversicherung (UV) u. a. gegen Arbeitsunfall versichert, die für eine Körperschaft, Anstalt oder Stiftung des öffentlichen Rechts ehrenamtlich Tätigen, wenn ihnen nicht durch Gesetz eine laufende Entschädigung zur Sicherstellung ihres Lebensunterhalts gewährt wird.

§ 539 Abs. 1 Nr. 13 RVO ist durch das Unfallversicherungs-Neuregelungsgesetz (UVNG) vom 30. April 1963 (BGBl. I 241) eingefügt worden, wobei man vor allem an den UV-Schutz für die große Anzahl ehrenamtlich tätiger Personen in der Verwaltung und Rechtspflege, insbesondere auch an die in den gemeindlichen Selbstverwaltungskörperschaften sowie den Sozialversicherungsträgern und ganz allgemein an die im Interesse der Allgemeinheit ehrenamtlich tätig werdenden Personen gedacht und den Versicherungsschutz auf die für juristische Personen des öffentlichen Rechts ehrenamtlich Tätigen erstreckt hat. Dabei erschien es dem Gesetzgeber unerheblich, ob es sich um Gebiets- oder andere Körperschaften des öffentlichen Rechts handelt (vgl. Begründung zu § 539 Abs. 1 Nr. 13 in BT-Drucks. IV/120 S. 52). Der Ausschuß für Sozialpolitik des Deutschen Bundestages hat empfohlen, die Vorschrift „klarer" zu fassen und den Kreis der versicherten Personen gegen den Personenkreis abzugrenzen, der „auf Grund eines Dienstverhältnisses tätig wird" (vgl. BT-Drucks. IV/938 (neu) S. 4 zu § 539 Abs. 1 Nr. 13 RVO). Er hat demnach vorgeschlagen, das Wort „ehrenamtlich" wegzulassen und hinter „Tätigen" einzufügen: „soweit sie nicht schon nach Nummer 1 versichert sind" (vgl. a.a.O. S. 42). Dieser Vorschlag ist nicht Gesetz geworden. Der Empfehlung des genannten Ausschusses ist aber in der endgültigen Gesetzesfassung dadurch Rechnung getragen worden, daß die streitige Vorschrift als wesentliche Einschränkung nur bestimmt, daß den danach unter UV-Schutz stehenden Personen „nicht durch Gesetz eine laufende Entschädigung zur Sicherstellung ihres Lebensunterhalts gewährt" werden darf. Ob aus diesem Grund allein darauf abzustellen ist, wie die betreffende Körperschaft die Tätigkeit wertet, bzw. ob nur durch eine weite Auslegung des Begriffs „ehrenamtlich" der Absicht des Gesetzgebers hinreichend Rechnung getragen wird, brauchte aus Anlaß dieses Falles nicht abschließend entschieden zu werden. Da die Nummer 13 zu § 539 Abs. 1 RVO im übrigen für juristische Personen bzw. Körperschaften des öffentlichen Rechts ohne Einschränkung gilt, hat der 2. Senat in seinem Urteil vom 27. April 1972 (BSG 34, 163 ff.) zutreffend ausgesprochen, daß den Gesetzesmaterialien nicht ausreichend entnommen werden könne, daß die Religionsgesellschaften, die nach Artikel 140 des Grundgesetzes (GG) i.V.m. Art. 137 der Weimarer Verfassung Körperschaften des öffentlichen Rechts sind, etwa nicht von der Vorschrift des § 539 Abs. 1 Nr. 13 RVO erfaßt werden sollten (BSG 34, 163, 165). Zutreffend ist daher das LSG davon ausgegangen, daß es sich bei der Römisch-Katholischen Kirche in der Bundesrepublik Deutschland um eine Körperschaft des öffentlichen Rechts im Sinne der genannten Vorschrift handelt (so auch ausdrücklich Urteil des 2. Senats vom 18. Dezember 1974 — 2/8 RU 34/73 — in SozR neue Folge 2200 § 539 RVO Nr. 4). Werden sonach die für die Religionsgesellschaften und damit auch für die Römisch-Katholische Kirche ehrenamtlich tätigen Personen von der Vorschrift des § 539 Abs. 1 Nr. 13 RVO erfaßt, so bleibt nur noch zu prüfen, ob die sonstigen Voraussetzungen dieser Vorschrift hier erfüllt sind.

Daß die Klägerin als Mitglied des Kirchenchores keine laufende Entschädigung zur Sicherstellung ihres Lebensunterhalts erhalten hat, ist unstreitig. Der nach der Auskunft des Katholischen Pfarramtes B. vom 30. Januar 1968 an den gesamten Chor gezahlte Pauschalbetrag von 150,— DM jährlich, der für das einzelne Mitglied ca. 6,— DM im Jahr ausmacht (vgl. UA Bl. 14), erfüllt diese Voraussetzung keineswegs und ist als geringe Aufwandsentschädigung (vgl. das bereits zitierte Urteil des 2. Senats des BSG vom 18. Dezember 1974 zum geringen Entgelt für Ministranten) hier unbeachtlich.

Streitig ist jedoch, ob die Klägerin als Mitglied des Kirchenchores der Katholischen Pfarrgemeinde B. im Sinne der Nr. 13 zu § 539 Abs. 1 RVO

„ehrenamtlich“ tätig geworden ist. Dabei kann dahinstehen, welche Bedeutung dem Umstand beizumessen ist, daß die Klägerin auf Bl. 10 und 11 der Unfallakten als „Organistin“ bei der Katholischen Kirchengemeinde B. bezeichnet ist (ebenso ist auf Bl. 18 der UA als Beruf „Organistin“ angegeben). Denn das LSG hat festgestellt, daß die Klägerin als „Mitglied des katholischen Kirchenchores“ in B. verunglückt ist. Diese Feststellung ist von der Revision nicht angegriffen und daher für das BSG nach § 163 des Sozialgerichtsgesetzes (SGG) bindend; im übrigen ist es offensichtlich auch unstreitig, daß die Klägerin am Unfalltag als Mitglied des Kirchenchores „mitsang“ (vgl. Schreiben des Ehemannes der Klägerin vom 18. Dezember 1967 — UA Bl. 3 — und vom 18. Februar 1968 — UA Bl. 15 — sowie Unfallanzeige — UA Bl. 4 —). Nach der Auffassung des erkennenden Senats ist die Klägerin bei diesem Unfall im Sinne der obigen Vorschrift ehrenamtlich tätig gewesen.

Der 2. Senat hat in BSG 34, 163 ff. allerdings entschieden, daß das Mitglied des Kirchenchores einer Evangelisch-Lutherischen Kirchengemeinde *keine* ehrenamtliche Tätigkeit im Sinne des § 539 Abs. 1 Nr. 13 RVO ausübt. Mit seiner bereits zitierten weiteren Entscheidung vom 18. Dezember 1974 (a.a.O.) hat er andererseits ausgesprochen, daß ein Ministrant, der am sonntäglichen Pfarrgottesdienst einer katholischen Kirche tätig geworden war, eine ehrenamtliche Tätigkeit im Sinne der Nr. 13 des § 539 Abs. 1 RVO verrichtet habe. Ob der 2. Senat bei dieser späteren Entscheidung weniger strenge Maßstäbe an das Erfordernis der ehrenamtlichen Tätigkeit angelegt hat, kann aus dieser Entscheidung nicht eindeutig entnommen werden. Dies kann im übrigen auch dahingestellt bleiben. Denn auch wenn man von den vom 2. Senat in beiden Entscheidungen aufgestellten Grundsätzen ausgeht, führen die im vorliegenden Fall gegebenen Umstände jedenfalls zu einer Bejahung der strittigen Voraussetzungen einer ehrenamtlichen Tätigkeit.

Der Begriff eines „ehrenamtlich Tätigen“ ist schon vor Einfügung der Nr. 13 in § 539 Abs. 1 RVO in Rechtsprechung und Schrifttum behandelt worden, und zwar im Zusammenhang mit § 537 Nr. 10 RVO a. F., wonach Personen in den UV-Schutz einbezogen waren, die „wie“ ein nach den Nummern 1 - 9 Versicherter — vorübergehend — tätig geworden sind. So sind in Lauterbach, Unfallversicherung, 2. Aufl., Anm. 43 m und p — S. 49, 49 a — als Beispiele einer ehrenamtlichen Tätigkeit diejenigen eines ehrenamtlichen Vorsitzenden einer Raiffeisenkasse und eines ehrenamtlich tätig gewordenen Innungsobermeisters erwähnt. Das BSG hat in seiner Entscheidung vom 21. Oktober 1958 (BSG 8, 170) darauf hingewiesen, daß das Reichsversicherungsamt (RVA) in einer Verfügung vom 16. November 1942 den ehrenamtlich tätigen Personen unter bestimmten Voraussetzungen UV-Schutz zugebilligt habe, nämlich dann, wenn sie bei ihrer ehrenamtlichen Tätigkeit eine Beschäftigung ausüben, die sonst (d. h. bei einem anderen Aufbau des Unternehmens) von Belegschaftsmitgliedern verrichtet werden müßte. In dieser BSG-Entscheidung wurde ohne nähere Begründung davon ausgegangen, daß der Kläger als Obermeister der Konditorinnung „ehrenamtlich“ tätig gewesen war. Man hat sich dort offenbar damit begnügt, daß die Körperschaft, für die er tätig wurde, ihn als ehrenamtlich Tätigen angesehen hat. Der UV-Schutz wurde damals verneint, weil er im Unfallzeitpunkt im Rahmen der ehrenamtlichen, aber grundsätzlich unversicherten Verwaltungsarbeit als Repräsentant eines Innungsorgans tätig geworden war (BSG 8, 176).

Nach Einfügung der Nr. 13 in § 539 Abs. 1 RVO war es Aufgabe der Rechtsprechung, den strittig gewordenen Begriff des „ehrenamtlich Tätigen“, der nun grundsätzlich dem UV-Schutz unterliegt, näher zu definieren. Dabei konnte die Entscheidung des 2. Senats des BSG vom 21. September 1967 in SozR Nr. 3 zu § 550 RVO, wo der UV-Schutz für das Mitglied eines Werkchors im Zusammenhang mit dessen Teilnahme an Übungsstunden bejaht wurde, keine Anhaltspunkte bieten, weil es sich dort um „Vorbereitungen für betriebsbezogene Veranstaltungen" handelte, die deshalb als unfallgeschützt angesehen wurden (vgl. dazu auch RVA in EuM 49, 1, wo der Unfall eines Gefolgschaftsmitgliedes bei der Teilnahme an einer im Betrieb stattfindenden Singstunde als Betriebsunfall angesehen wurde). Das Bayerische LSG hat indessen im Urteil vom 8. November 1968 — L 2 U 299/65 —, das sich in Ablichtung bei den SG-Akten befindet, die Mitglieder von Kirchenchören — dort der Evangelisch-Lutherischen Kirche — als im Sinne des § 539 Abs. 1 Nr. 13 RVO ehrenamtlich tätige Personen angesehen, weil die Mitgliedschaft hierzu freiwillige Verpflichtung bedeute, zu allen Diensten des Chores zur Verfügung zu stehen und die Kirchenchöre in diesem Sinne „den der Kirche aufgetragenen Dienst" versehen (Urteil S. 10/11) und zwar in einer Weise, die weit über die Aufgaben und Pflichten der Kirchengemeindemitglieder hinausgehe. In gleichem Sinne hat früher schon das SG Ulm entschieden (vgl. SGb. 1967, 134 mit insoweit zustimmender Anmerkung von Schieckel — a.a.O. 137 —).

Der 2. Senat ist dieser Auffassung in BSG 34, 163 ff. nicht gefolgt. Er hat ausgeführt, die Frage, ob kirchliche Ämter nach ihrem Inhalt oder ihrer Ausgestaltung durch die Kirche bestimmten Tatbestandsmerkmalen der RVO entsprechen, beantworte sich durch die Auslegung der maßgebenden Vorschriften dieses Gesetzes; die Bewertung einer Tätigkeit durch die Kirchenordnung als Ausübung eines „Amtes" könnte allerdings für die Auslegung des § 539 Abs. 1 Nr. 13 RVO ein wesentlicher Anhaltspunkt sein (a.a.O. S. 166). Dem stimmt der erkennende Senat zu.

Der 2. Senat ist ferner, ausgehend von dem allgemeinen Verwaltungsrecht, zu dem Ergebnis gelangt, daß dem Begriff „Amt" das Besorgen eines bestimmten „Kreises von Geschäften", eines „geordneten Wirkungskreises" oder eines „verantwortlich wahrzunehmenden Pflichtenbereiches" für die Körperschaft eigen sei (a.a.O. S. 168). Der für die Kirche wahrzunehmende eigene Pflichtenkreis finde sich auch in kirchenrechtlichen Ämtern und Hilfsämtern (wie z. B. für Kirchenmusiker), er fehle aber den Mitgliedern eines Kirchenchores, die lediglich die Pflichten als Mitglieder einzuhalten hätten. Aus dem Umstand, daß der Kirchenchor nach den Richtlinien für die gottesdienstliche Chormusik aus dem Jahre 1937 ein „gottesdienstliches Amt" trage, sei nur ersichtlich, daß das einzelne Chormitglied „sich in den Chor und allgemein in die kirchliche Gemeinschaft einzugliedern" habe. Die Aufgaben und Pflichten eines einzelnen Chormitglieds ergäben sich — anders als beim Amt des Kirchenmusikers — „ausschließlich aus der Mitgliedschaft im Chor".

Der 2. Senat hat sich bei diesen Feststellungen auf die kirchenrechtlichen Vorschriften der Evangelisch-Lutherischen Kirche in Bayern bzw. in Deutschland gestützt, woraus sich für ein Chormitglied dieser Kirche kein hinreichender Hinweis für die Annahme einer ehrenamtlichen Tätigkeit ergebe (a.a.O. S. 166/167); dasselbe gelte für das evangelische kirchenrechtliche Schrifttum (a.a.O. S. 167). Da im vorliegenden Fall streitig ist, ob ein Chormitglied der Römisch-Katholischen Kirche ehrenamtlich tätig ist, hatte der Senat die für diese Kirche geltenden Verhältnisse seiner Entscheidung zugrunde zu legen.

Das LSG hat hierzu von der Diözesanverwaltung Rottenburg eine „umfassende Darstellung" der Aufgaben und Pflichten eines Mitglieds des Kirchenchors unter genauer Bezeichnung der einschlägigen (kirchlichen) Vorschriften erbeten und die daraufhin vom Diözesanverwaltungsrat Rottenburg (DVW) abgegebene Stellungnahme vom 30. April 1974 bei seiner Entscheidung verwertet. Die Revision kann zwar nur darauf gestützt werden, daß die Entscheidung auf der Nichtanwendung oder unrichtigen Anwendung einer Vorschrift des Bundesrechts oder einer sonstigen im Bezirk des Berufungsgerichts geltenden Vorschrift beruht, deren Geltungsbereich sich über den Bezirk des Berufungsgerichts hinaus erstreckt (s. § 162 Abs. 2 des Sozialgerichtsgesetzes — SGG —); doch ist einerseits die letztere Voraussetzung hier gegeben, da sich die genannte Stellungnahme im wesentlichen auf im Bundesgebiet allgemein geltende Vorschriften, wie die Konstitution des Zweiten Vatikanischen Konzils über die Heilige Liturgie vom 4. Dezember 1963, die Instruktion der Heiligen Ritenkongregation über die Musik in der Liturgie vom März 1967 und die Dogmatische Konstitution über die Kirche vom 21. November 1964, stützt und das LSG andererseits nicht kirchenrechtliche Vorschriften nach dem katholischen Kirchenrecht ausgelegt, sondern im wesentlichen nur geprüft hat, ob das Tatbestandsmerkmal der ehrenamtlichen Tätigkeit im Sinne der hier strittigen RVO-Bestimmung, die Bundesrecht darstellt, erfüllt ist (Urteil S. 4 unten). Geht man von den vom LSG hiernach getroffenen Feststellungen aus, die von der Revision unter Hinweis auf die Tätigkeit des Laienrichters und die Ähnlichkeit der Tätigkeiten eines Kirchenchorleiters und -mitglieds nur in rechtlicher Hinsicht angegriffen sind, so läßt sich nicht feststellen, daß das Mitglied eines katholischen Kirchenchors, wie dies in BSG 34, 163, 168 für Mitglieder des Kirchenchors einer evangelisch-lutherischen Kirchengemeinde festgestellt und vom LSG hier übernommen worden ist, „keinen eigenen Pflichtenkreis" wahrnehme, sondern sich „in den Chor und allgemein in die kirchliche Gemeinschaft einzugliedern" habe.

Das LSG hat insoweit festgestellt, daß katholische Kirchenchormitglieder einen liturgischen „Dienst" leisten, indem sie zur feierlichen Gestaltung des Gottesdienstes, insbesondere durch Singen von Meßtexten, beizutragen haben (Urteil S. 5). Ob der Begriff „Dienst" demjenigen des „Amtes" gleichzusetzen ist, kann hier dahinstehen; jedenfalls macht die Pflicht des „Singens von Meßtexten" deutlich, daß das einzelne Chormitglied, das sich beim Singen vielstimmiger und schwieriger Messen — sei es in lateinischer oder in deutscher Sprache — zuvor zwangsläufig zahlreichen und mitunter anstrengenden Proben unterziehen muß und seine Freizeit nicht nur an diese Übungsstunden, sondern auch an die Sing- und Aufführungszeiten anpassen und unter Hintanstellung eigener Interessen zeitgerecht zur Verfügung stehen muß, einen „verantwortlich wahrzunehmenden Pflichtenbereich" (BSG 34, 163, 168) übernommen hat. Dieser Pflichtenbereich wird gegenüber der katholischen Kirchengemeinde übernommen (so auch die Auskunft des DVW S. 2), die im Gemeindebereich die Kirche als Körperschaft des öffentlichen Rechts repräsentiert und auch die oben erwähnte geringe Vergütung gewährt.

Das LSG hat ferner berücksichtigt und festgestellt, daß „bei liturgischen Handlungen mit größerer Feierlichkeit, die höhere gesangliche Anforderungen stellen, von den Chorsängern und Chorsängerinnen", die Mitwirkungspflicht am priesterlichen, prophetischen und königlichen Amte Christi „für die Kirchengemeindemitglieder erfüllt wird" (Urteil S. 6). Damit ist einerseits die eigentliche Funktion des katholischen Kirchenchores, der grundsätzlich nicht in Früh- oder Spätgottesdiensten, sondern bei feierlicheren Gottesdiensten (z. B. Hochamt) mitwirkt, deutlich gemacht und andererseits klargestellt, daß das Chormitglied sowohl — wie bereits dargelegt — gegenüber dem Träger der betreffenden Rechte und Pflichten, d. h. gegenüber der Katholischen Kirche als öffentlich-rechtlicher Körperschaft (Innenverhältnis) als auch gegenüber dem von der Pflichtausübung Betroffenen, d. h. gegenüber der im Gottesdienstraum versammelten Kirchengemeinde, die dem ggf. künstlerisch gestalteten Meßgesang andächtig zuhört und deren einzelne Mitglieder denjenigen Gottesdienst, in dem der Chor singt, u. U. bewußt auswählen (Außenverhältnis), einen Pflichtenbereich wahrzunehmen hat (vgl. BSG 34, 163, 167). Daß dies auch der sachverständigen Auffassung des DVW (vgl. S. 1/2) entspricht, hat das LSG auf S. 3 seines Urteils erwähnt, wonach ein Kirchenchormitglied gegenüber den übrigen Kirchengemeindemitgliedern einen hervorgehobenen speziellen Pflichtenkreis innehat. Nach S. 2 der Auskunft des DVW obliegt der „Dienst" den Chormitgliedern „gegenüber der Kirchengemeinde", für die sie „ehrenamtlich tätig werden". Dies kann durchaus für die Auslegung des § 539 Abs. 1 Nr. 13 RVO ein wesentlicher Anhaltspunkt sein, wie oben unter Bezugnahme auf das Urteil des 2. Senats des BSG in BSG 34, 163, 166 betont worden ist, weshalb sich der Senat insoweit in seiner Rechtsauffassung bestätigt sieht. Dem steht nicht entgegen, daß diese Pflichten im Rahmen von Kulthandlungen und nicht im Verwaltungsbereich erfüllt werden, wie der 2. Senat im Urteil vom 18. Dezember 1974 zutreffend dargelegt hat. In seiner Entscheidung vom 27. April 1972 hat der 2. Senat allerdings als weiteres Erfordernis zur Annahme eines „Amtes" gefordert, daß auch eine Pflichtausübung „gegenüber der Allgemeinheit" gegeben sein müsse. Diese weitere Voraussetzung hat der 2. Senat jedoch in seiner späteren Entscheidung vom 18. Dezember 1974 (SozR 2200 § 539 RVO Nr. 4) zu Recht mit der Begründung nicht mehr gefordert, daß der Pflichtenbereich bei einer ehrenamtlichen Tätigkeit, ebenso wie z. B. bei einem Sozialversicherungsträger, nicht auch gegenüber der Allgemeinheit außerhalb dieser Körperschaft bestehen müsse und daß sich weite Bereiche der ehrenamtlichen Tätigkeit nur auf Pflichten gegenüber deren Mitgliedern erstrecken (a.a.O. S. 8). Der Annahme einer ehrenamtlichen Tätigkeit steht somit nicht entgegen, daß das Mitglied eines katholischen Kirchenchors gegenüber der nichtkirchlichen Allgemeinheit keine hier beachtlichen Pflichten zu erfüllen hat. Daß die Tätigkeit des Kirchenchors in der Katholischen Kirche nach ihrem Inhalt oder ihrer Ausgestaltung durch die Kirche (BSG 34, 166) mehr bedeutet als „den Gesang der Gläubigen in geeigneter Weise zu führen und zu stützen", wie das LSG auf S. 5/6 des Urteils ausführte, ergibt sich nicht nur aus den obigen Darlegungen, sondern auch aus der sachverständigen Auskunft des DVW, soweit dort ausgeführt wird, daß nach Nr. 21 der Instruktion der Heiligen Ritenkongregation über die Musik in der Liturgie „für den Fall, daß in einer Gemeinde ein Sängerchor nicht gebildet werden kann" — dies mag bei zahlenmäßig kleinen Gemeinden, etwa in der Diaspora, oder bei weitgefächerten Kirchensprengeln, etwa im unwegsamen Gebirgsland, von besonderer Bedeutung sein — „bestimmt wird, daß zumindest ein entsprechend ausgebildeter Kantor mit den Aufgaben der Chorsänger zu beauftragen ist" (zu dem kirchlichen Amt eines Kantors vgl. BSG 34, 163, 167). Ob ein Amt nur von einer Person oder bestimmungsgemäß bzw. notwendigerweise von einer Personenmehrheit versehen wird, kann aber für den Begriff der ehrenamtlichen Tätigkeit keinen entscheidenden rechtlichen Unterschied bedeuten, wenn an beide Ämter von der Kirche — wie hier — im wesentlichen die gleichen Maßstäbe angelegt werden.

Der Senat konnte dahingestellt sein lassen, ob die hier ausgesprochenen Grundsätze auch für nur gelegentlich mitwirkende Sänger, Solosänger oder Orchester-Musiker zu gelten haben. Denn ein solcher Fall ist hier nicht gegeben, da nicht festgestellt ist, daß die Klägerin nur vorübergehend oder aushilfsweise im Chor mitgewirkt habe. Nach der Unfallanzeige und dem

Schreiben des Chorleiters vom 18. Februar 1968 (vgl. UA 4, 15) ist die Klägerin vielmehr schon seit 17 Jahren als Sängerin im Dienst der Kirche.

Der Senat ist nach alledem der Auffassung, daß die nicht nur vorübergehende Mitwirkung im Kirchenchor einer Römisch-Katholischen Kirche nach der Ausgestaltung des Kirchenchors, wie er sie durch die Katholische Kirche erhalten hat, und nach dem Sinn und Zweck des § 539 Abs. 1 Nr. 13 RVO, der für denjenigen einen UV-Schutz vorsieht, der im wesentlichen unentgeltlich für die öffentlich-rechtliche Körperschaft im Rahmen eines übernommenen Pflichtenkreises tätig wird, eine ehrenamtliche Tätigkeit darstellt. Dafür sprachen im übrigen auch ähnliche Erwägungen, wie sie der 2. Senat in seinem Urteil vom 18. Dezember 1974 (a.a.O.) für die Tätigkeit eines Ministranten angestellt hat. Wenn es dort heißt, daß der Ministrant vor allem im Rahmen der Meßfeier, aber auch bei anderen kirchlichen Veranstaltungen (z. B. Andachten, Beerdigungen), einen durch kirchliche Regelungen bestimmten — umgrenzten, geordneten — „Wirkungskreis" hat und einen bestimmten „Kreis von Geschäften" besorgen muß, so trifft dies in ähnlicher Weise auf das Mitglied eines römisch-katholischen Kirchenchors zu. Demgemäß heißt es auch in der oben erwähnten Auskunft des Katholischen Pfarramtes B. vom 30. Januar 1968, daß der Kirchenchor etwa 80 mal, d. h. fast an allen Sonn- und Feiertagen, bei Beerdigungen und zu den Singproben zusammentritt. Die sachverständige Auskunft des DVW kommt auf S. 2 — wie oben bereits angedeutet — zum gleichen Ergebnis, wenn es dort heißt, „Dieser Dienst obliegt den Mitgliedern nicht gegenüber dem Chor, sondern gegenüber der Kirche, näherhin gegenüber der Kirchengemeinde, für die die Chormitglieder so wie die Ministranten, Lektoren usw. ehrenamtlich tätig werden".

Unter den dargelegten Umständen konnte die Erwägung des 2. Senats in BSG 34, 163, 168, daß die Kirchenchormitglieder der Evangelisch-Lutherischen Kirche „lediglich die Pflichten als Mitglieder einzuhalten" hätten — dem ist das LSG hier im wesentlichen gefolgt —, für den vorliegenden Fall nicht übernommen werden. Mit der Bejahung einer ehrenamtlichen Tätigkeit im Falle der Klägerin kommt der Senat für den Bereich der Katholischen Kirche zu einem Ergebnis, wie es vor der Entscheidung des 2. Senats vom 27. April 1972 (BSG 34, 163 ff.) auch zum Teil im Schrifttum vertreten wurde (der 2. Senat hat insoweit auf Lauterbach a.a.O., 3. Aufl., § 539 Rdn. 80 und Schiekkel, SGb. 1967, 134, 137 verwiesen; vgl. auch Lauterbach a.a.O., Stand Dezember 1974, S. 144).

Da die Revision der Klägerin sonach im Ergebnis Erfolg hatte, war unter Aufhebung des LSG-Urteils die Berufung der Beklagten gegen das den UV-Schutz bejahende SG-Urteil als unbegründet zurückzuweisen ...

2. Im gleichen Sinne hat das Bundessozialgericht durch Urteil vom 18. 12. 1974 — Az.: 2/8 RU 34/73 — entschieden, daß ein *Ministrant* in der *katholischen Kirche* eine ehrenamtliche Tätigkeit im Sinne des § 539 Abs. 1 Nr. 13 RVO ausübt und aus diesem Grunde der gesetzlichen Unfallversicherung unterliegt. Die Entscheidung ist abgedruckt in BSGE 39, 24 ff. = Archiv für Katholisches Kirchenrecht, Bd. 143 (1974), S. 530 ff.

3. Dagegen steht nach einem Urteil des BSG vom 7. 12. 1976 — AZ.: 8 RU 18/76 — ein Fußballspieler, der, ohne Pfarrgemeinderatsmitglied zu sein, an einem für wohltätige Zwecke veranstalteten Freundschaftsspiel eines katholischen Pfarrgemeinderates gegen den Gemeinderat der betreffenden Stadt teilnimmt, nicht unter dem Versicherungsschutz des § 539 Abs. 1 Nr. 13 RVO, weil hierbei ein „Amt", das „ehrenamtlich" ausgeübt werden könnte, nicht vorliegt. Die Entscheidung ist abgedruckt in SGb. 1977, S. 141 f.

4. Mit im wesentlichen gleicher Begründung hat das BSG durch Urteil vom 27. 4. 1972 — Az.: 2 RU 14/69 — entschieden, daß ein *Mitglied eines Kirchenchores* einer *evangelisch-lutherischen Gemeinde in Bayern* weder auf Grund eines Beschäftigungsverhältnisses gemäß § 539 Abs. 1 Nr. 1 RVO noch nach § 539 Abs. 1 Nr. 13 RVO unter Versicherungsschutz steht. Das BSG begründete diese Entscheidung damit, daß die Kirchliche Lebensordnung der Evangelisch-Lutherischen Kirche in Bayern vom 29. 8. 1922 (ABl. für die Evang.-Luth. Kirche in Bayern rechts des Rheins, S. 224) i.d.F. des Kirchengesetzes vom 14. 7. 1924 (ABl. a.a.O. 1925, S. 1) keine Bestimmungen über Kirchenchormitglieder enthalte und aus diesem Grunde ein „Amt“, das „ehrenamtlich“ ausgeübt werden könnte, nicht vorliege. Diese Entscheidung ist abgedruckt in: BSGE 34, 163 ff.; ZevKR 18 (1973), S. 80 ff.; MDR 1972, 585; SGb. 1972, S. 259.

II. Das Ehrenamt in den Bestimmungen der RVO und in der Gemeindeordnung des Landes Nordrhein-Westfalen

1. Reichsversicherungsordnung

§ 539 RVO [Personenkreis]

abgedruckt oben, Erster Teil, I., S. 13 ff.

§ 541 RVO [Versicherungsfreiheit]

(1) Versicherungsfrei sind

1. Personen hinsichtlich der Unfälle im Rahmen eines Dienst- oder Arbeitsverhältnisses, für das beamtenrechtliche Unfallfürsorgevorschriften oder entsprechende Grundsätze gelten; ausgenommen sind Ehrenbeamte und ehrenamtliche Richter,
2. Personen hinsichtlich der Arbeitsunfälle, für die ihnen Versorgung nach dem Bundesversorgungsgesetz oder solchen Gesetzen gewährt wird, die das Bundesversorgungsgesetz für anwendbar erklären, es sei denn, daß der Arbeitsunfall zugleich die Folge einer Schädigung im Sinne dieser Gesetze ist,
3. Mitglieder geistlicher Genossenschaften, Diakonissen, Schwestern vom Deutschen Roten Kreuz und Angehörige solcher ähnlicher Gemeinschaften, die sich aus überwiegend religiösen oder sittlichen Beweggründen mit Krankenpflege, Unterricht oder anderen gemeinnützigen Tätigkeiten beschäftigen, wenn ihnen nach den Regeln ihrer Gemeinschaft lebenslange Versorgung gewährleistet ist,
4. Ärzte, Heilpraktiker, Zahnärzte, Dentisten und Apotheker, soweit sie eine selbständige berufliche Tätigkeit ausüben,
5. unbeschadet des § 777 Nr. 1 und 2 in Verbindung mit § 776 Abs. 1 Nr. 1
   a) Verwandte auf- oder absteigender Linie des Haushaltsvorstandes oder seines Ehegatten,
   b) sonstige Kinder (§ 583 Abs. 5) des Haushaltsvorstandes oder seines Ehegatten,
   c) Geschwister des Haushaltsvorstandes oder seines Ehegatten

   bei unentgeltlicher Beschäftigung im Haushalt.

(2) Scheidet eine verletzte, wegen Versicherungsfreiheit aus der Unfallversicherung nicht entschädigte Person im Sinne des Absatzes 1 Nr. 3 aus der

Gemeinschaft aus oder endet die Versorgung, so kann sie für die Zeit danach von dem Träger der Unfallversicherung die Leistungen verlangen, die ihr ohne die Versicherungsfreiheit zustehen würden, es sei denn, daß die geistliche Genossenschaft oder das Mutterhaus von sich aus die Versorgung in gleichem Umfang sicherstellt. Die geistliche Genossenschaft oder das Mutterhaus erstatten dem Träger der Unfallversicherung dessen Aufwendungen.

§ 543 RVO [Unternehmerversicherung]

(1) Die Satzung des Trägers der Unfallversicherung kann die Versicherung auf Unternehmer erstrecken, die nicht schon kraft Gesetzes versichert sind; ausgenommen sind Haushaltsvorstände, die in § 542 bezeichneten Unternehmer sowie Reeder, die nicht zur Besatzung des Fahrzeugs gehören.

(2) Das gleiche gilt für die im Unternehmen tätigen Ehegatten der auf Grund des Absatzes 1 versicherten Unternehmer.

§ 548 RVO [Begriff des Arbeitsunfalls]

(1) Arbeitsunfall ist ein Unfall, den ein Versicherter bei einer der in den §§ 539, 540 und 543 bis 545 genannten Tätigkeiten erleidet. Als Tätigkeit im Sinne des Satzes 1 gilt auch das Abheben eines Geldbetrages bei einem Geldinstitut, an das der Arbeitgeber den Lohn oder das Gehalt des Versicherten zu dessen Gunsten überweist oder zahlt, wenn der Versicherte erstmalig nach Ablauf eines Lohn- oder Gehaltszahlungszeitraumes das Geldinstitut persönlich aufsucht.

(2) Dem Körperschaden steht die Beschädigung eines Körperersatzstückes oder eines größeren orthopädischen Hilfsmittels gleich.

(3) Verbotswidriges Handeln schließt die Annahme eines Arbeitsunfalls nicht aus.

2. Gemeindeordnung für das Land Nordrhein-Westfalen

§ 20 Ehrenamtliche Tätigkeit und Ehrenamt

(1) Der Einwohner ist zu einer nebenberuflichen vorübergehenden Tätigkeit für die Gemeinde verpflichtet (ehrenamtliche Tätigkeit).

(2) Der Bürger ist zur nebenberuflichen Übernahme eines auf Dauer berechneten Kreises von Verwaltungsgeschäften für die Gemeinde verpflichtet (Ehrenamt).

III. Codex Iuris Canonici vom 27. Mai 1917

Aus dem Codex Iuris Canonici vom 27. Mai 1917. Deutsche Übersetzung nach: Heribert Jone, Gesetzbuch der lateinischen Kirche, 2., verm. und verb. Aufl., Paderborn, Bd. 1 (1950), S. 149, 173 ff.; Bd. 2 (1952), S. 433, 487.

Kanon 118

Nur die Kleriker sind fähig, Träger der Weihegewalt und der kirchlichen Jurisdiktionsgewalt zu werden oder Benefizien und kirchliche Pensionen zu erhalten.

Kanon 145

§ 1. Den Begriff Kirchenamt kann man im weiteren und im engeren Sinne nehmen. Im weiteren Sinne versteht man darunter jeden Dienst, der zu einem geistlichen Zwecke rechtmäßig ausgeübt wird. Im strengen Sinne aber versteht man unter dem Ausdruck „Kirchenamt“ ein Amt, das folgende Eigenschaften hat:

a) es muß nach göttlicher oder kirchlicher Anordnung dauernd errichtet sein;

b) es muß nach bestimmten in der Rechtsordnung vorgesehenen Normen verliehen werden;

c) es muß wenigstens einigermaßen Anteil gewähren an der Kirchengewalt, sei es die Weihe- oder die Jurisdiktionsgewalt.

§ 2. Wenn im Rechte der Ausdruck Kirchenamt vorkommt, dann versteht man darunter ein Amt in dem eben angegebenen strengen Sinne. Eine Ausnahme von dieser allgemeinen Regel liegt nur dann vor, wenn es sich aus dem ganzen Zusammenhang ergibt.

Kanon 1185

Die niederen Kirchendiener, der Sakristan, die Sänger, der Organist, die Sängerknaben, das Läutepersonal, die Totengräber wie auch alle übrigen Angestellten werden nach dem allgemeinen Kirchenrecht vom Kirchenrektor allein ernannt, sind nur ihm unterstellt und werden auch von ihm entlassen. Durch diese Bestimmung sollen aber rechtmäßige Gewohnheiten und besondere Abmachungen sowie besonders auch die Rechte des Ordinarius nicht angetastet werden.

Kanon 1256

„Öffentlicher Kult“ wird jener Kult genannt, der im Namen der Kirche von eigens hierzu bestellten Personen und durch jene Akte geübt wird, welche die Kirche zur Verehrung Gottes, der Heiligen und Seligen eingesetzt hat. Sind die eben erwähnten Voraussetzungen nicht vorhanden, dann liegt nur ein privater Kult vor.

IV. Instruktion über die Kirchenmusik

Aus der „Instruktion über die Kirchenmusik“ der Ritenkongregation vom 3. September 1958. Quelle: AAS 50 (1958), S. 656 ff.

Über die Bedeutung einer Sängerschola oder wenigstens eines gemischten Chores bei der Feier der heiligen Liturgie

Artikel 93

Die Leitung des gesamten liturgischen Geschehens obliegt dem die Messe feiernden Priester. Alle übrigen nehmen in der einem jeden zukommenden Weise an der liturgischen Handlung teil.

c) Die männlichen Laien, die Knaben sowohl als auch die Heranwachsenden oder die erwachsenen Männer, üben ein unmittelbares, aber übertragenes kirchliches Dienstamt aus, wenn sie von der zuständigen kirchlichen Autorität zum Altardienst oder zum Gesang bestimmt worden sind, vorausgesetzt allerdings, daß sie ihren Dienst nach den Vorschriften der liturgischen Bestimmungen verrichten und es sich um einen Gesang handelt, bei dem sie einen „Chor“ oder eine „Sängerschola“ bilden.

Artikel 99

Es ist sehr zu wünschen, daß die Kathedralkirchen und wenigstens die Pfarrkirchen und andere Kirchen von größerer Bedeutung einen eigenen und dauernden „Musikchor" oder eine „Sängerschola" besitzen, die ein echtes Dienstamt im Sinne des Art. 93 a und c ausüben können.

Artikel 100

Sofern aber ein derartiger Musikchor nicht gebildet werden kann, ist die Bildung eines Chores von Gläubigen zulässig, sei es eines „gemischten" Chores oder eines Frauen- oder Mädchenchores. Diese Chöre müssen ihren Platz außerhalb des Presbyteriums bzw. außerhalb der Chorschranken haben. Die Männer sind dabei getrennt von den Frauen oder Mädchen aufzustellen. Ungeeignete Sitzgelegenheiten sind zu vermeiden. Die Ortsbischöfe sollen hierfür genauere Anweisungen geben, für deren Beobachtung die Kirchenrektoren verantwortlich sind.

Artikel 101

Es ist zu wünschen, daß die Organisten, die Chorleiter, die Sänger, die Musiker und alle Personen, die der Kirche Dienste leisten, ihre Tätigkeit ohne eine Vergütung aus religiösen Motiven und aus Liebe zu Gott verrichten. Wenn sie aber ihre Tätigkeit nicht unentgeltlich ausüben können, ist es ein Gebot der christlichen Gerechtigkeit und der Liebe, daß die kirchlichen Vorgesetzten ihnen einen gerechten Lohn auszahlen, wie dies in den verschiedenen Gegenden rechtmäßiger Brauch ist. Dabei müssen auch die Bestimmungen der staatlichen Gesetze beobachtet werden.

V. Konstitution über die heilige Liturgie „Sacrosanctum Concilium"

Aus der Konstitution über die heilige Liturgie „Sacrosanctum Concilium" des Zweiten Vatikanischen Konzils. Quelle: AAS 56 (1964), S. 107/108. Deutsche Übersetzung nach: Karl Rahner / Herbert Vorgrimler, Kleines Konzilskompendium, 9. Aufl., Freiburg i. Br. 1974 (Herder-Taschenbuch, Bd. 270), S. 62

Artikel 29

Auch die Ministranten, Lektoren, Kommentatoren und die Mitglieder der Kirchenchöre vollziehen einen wahrhaft liturgischen Dienst. Deswegen sollen sie ihre Aufgabe in aufrichtiger Frömmigkeit und in einer Ordnung erfüllen, wie sie einem solchen Dienst ziemt und wie sie das Volk Gottes mit Recht von ihnen verlangt.

Deshalb muß man sie, jeden nach seiner Weise, sorgfältig in den Geist der Liturgie einführen und unterweisen, auf daß sie sich in rechter Art und Ordnung ihrer Aufgabe unterziehen.

Über die Bedeutung der Kirchenmusik siehe ebenda, Art. 112 - 121, S. 84 - 87.

VI. Instruktion über die Musik in der Liturgie

Aus der „Instruktion über die Musik in der Liturgie" der Ritenkongregation vom 5. März 1967. Quelle: AAS 59 (1967), S. 304 ff. Lateinischer und deutscher Text in: Nachkonziliare Dokumentation, Bd. 1. Instruktion über die Musik in der Liturgie. Hrsg. von den Liturgischen Instituten in Trier und Freiburg/Schweiz. Trier 1967, S. 17, 21, 23, 25

Artikel 13

Die liturgischen Handlungen sind Feiern der Kirche, daß heißt des unter dem Bischof oder Priester geeinten und geordneten heiligen Volkes. Einen besonderen Platz in ihnen nehmen aufgrund ihrer Weihe der Priester und seine Ministri ein, aufgrund ihres Dienstamtes die Ministranten, Lektoren, Kommentatoren und die Sänger.

Artikel 19

Aufgrund der Ausübung seines liturgischen Dienstes verdient der Sängerchor — die „Capella musica" oder „Schola cantorum" — besonders erwähnt zu werden.

Seine Aufgabe hat durch die Vorschriften der heiligen Kirchenversammlung zur liturgischen Erneuerung an Bedeutung und Gewicht gewonnen. Ihm obliegt die rechte Ausführung seiner Teile gemäß den unterschiedlichen Arten der Gesänge und die Förderung der tätigen Teilnahme der Gläubigen im Gesang.

Daher gilt:

a) Vor allem an Kathedralen und anderen bedeutenderen Kirchen, in Seminaren und in Studienhäusern der Ordensleute soll ein Chor, eine „Capella musica" oder eine „Schola cantorum" bestehen und eifrige Förderung erfahren.

b) An kleineren Kirchen sollen ebenfalls tunlichst solche Sängerchöre gegründet werden, mögen sie auch zahlenmäßig schwächer sein.

Artikel 22

Nach den bewährten Sitten der Völker und jeweiligen Gegebenheiten kann ein Sängerchor entweder aus Männern und Knaben, oder allein aus Männern oder allein aus Knaben, oder aus Männern und Frauen, oder sogar, wo sich das aus den Umständen ergibt, allein aus Frauen bestehen.

Artikel 23

Der Sängerchor soll unter Berücksichtigung der räumlichen Gegebenheiten der einzelnen Kirchen einen solchen Platz finden,

a) daß klar erscheine, was er ist, nämlich ein mit einer besonderen Aufgabe betrauter Teil der versammelten Gemeinde der Gläubigen;

b) daß ihm die Ausübung seines liturgischen Dienstes erleichtert werde;

c) daß den einzelnen Sängern die volle, das heißt sakramentale Teilnahme an der Messe leicht möglich sei.

Wo auch Frauen zu einem Sängerchor gehören, soll er außerhalb des Presbyteriums seinen Platz haben.

VII. Allgemeine Einführung in das Römische Meßbuch

Aus der Allgemeinen Einführung in das Römische Meßbuch („Institutio generalis Missalis Romani") der Kongregation für den Gottesdienst vom

3. April 1969. Lateinischer und deutscher Text in: Nachkonziliare Dokumentation, Bd. 19. Dokumente zum Römischen Meßbuch. Hrsg. und übers. von den Liturgischen Instituten in Salzburg, Trier und Zürich, 2., veränd. Aufl., Trier 1974, S. 101, 103, 193, 195

Artikel 63

Unter den Gläubigen übt der Sängerchor (Schola, Chor) einen eigenen liturgischen Dienst aus: Er hat die ihm zukommenden Teile je nach den verschiedenen Arten der Gesänge vorzutragen und die im Singen bestehende tätige Teilnahme der Gläubigen zu fördern. Was vom Sängerchor gesagt wurde, gilt entsprechend für alle anderen, die musikalisch mitwirken, besonders für den Organisten.

Artikel 274

Der Sängerchor soll unter Berücksichtigung des Raumes den Platz einnehmen, der klar ersichtlich macht, daß der Chor ein Teil der Gemeinde ist, der einen besonderen Dienst versieht. Der Platz soll ihm die Ausübung seiner liturgischen Aufgabe erleichtern und den Sängern die volle Teilnahme an der Meßfeier, das heißt den Kommunionempfang, ohne Schwierigkeit gestatten.

Literaturverzeichnis

Albert, Hans (Hrsg.): Theorie und Realität, 2. veränderte Aufl., Tübingen 1972

Anschütz, Gerhard: Die Verfassungs-Urkunde für den preußischen Staat, Berlin 1912

Barth, Karl: Der Römerbrief, 10. Abdruck der 2. Aufl. (1922), Zürich 1967

Baumann, Jürgen: Einführung in die Rechtswissenschaft, 4. Aufl., München 1974

Bertrams, Wilhelm: Die Eigennatur des Kirchenrechts, Gregorianum 27 (1946), S. 527 ff.

Böckenförde, Ernst-Wolfgang: Die Organisationsgewalt im Bereich der Regierung. Eine Untersuchung zum Staatsrecht der Bundesrepublik Deutschland, Berlin 1964

— Organ, Organisation, Juristische Person. Kritische Überlegungen zu Grundbegriffen und Konstruktionsbasis des staatlichen Organisationsrechts, in: Festschrift für Hans J. Wolff zum 75. Geburtstag, München 1973, S. 269 ff.

Böckenförde, Werner: Das Rechtsverständnis der neueren Kanonistik und die Kritik Rudolph Sohms, Diss., Münster 1968

Brackmann, Kurt: Handbuch der Sozialversicherung, Bd. II, 1. - 8. Aufl. bis einschl. 43. Nachtragslieferung, Bad Godesberg 1975
(zit.: Handbuch)

Brauns, Hans-Jochen: Staatsleistungen an die Kirchen und ihre Ablösung, Berlin 1970

Brunner, Emil: Die christliche Lehre von der Kirche, vom Glauben und von der Vollendung, Dogmatik, Bd. III, 2. Aufl., Zürich und Stuttgart 1964
(zit.: Dogmatik III)

Bulla, Eckart: Der Dienst- und Arbeitsunfall als Institut des Allgemeinen Verwaltungsrechts, Diss., Hamburg 1970

Burckhardt, Walther: Die Organisation der Rechtsgemeinschaft, 2. Aufl., Zürich 1944

Campenhausen, Axel Frhr. v.: Staatskirchenrecht, München 1973

Canaris, Claus-Wilhelm: Risikohaftung bei schadensgeneigter Tätigkeit in fremdem Interesse, RdA 19 (1966), S. 41 ff.

Dreier, Ralf: Das kirchliche Amt, München 1972

Deutsch, Erwin: Grundmechanismen der Haftung nach deutschem Recht, JZ 1968, S. 721 ff.

Erichsen, Hans-Uwe: Staatsrecht und Verfassungsgerichtsbarkeit II, Frankfurt 1973

Erichsen / Martens: Das Verwaltungshandeln, in: Allgemeines Verwaltungsrecht, hrsg. von Hans-Uwe Erichsen und Wolfgang Martens, Berlin/New York 1975, S. 115 ff.

Fabricius, Fritz: Relativität der Rechtsfähigkeit, München 1963

Forsthoff, Ernst: Lehrbuch des Verwaltungsrechts, Bd. I, Allgemeiner Teil, 10. Aufl., München 1973
(zit.: Lehrbuch)

Frank, Johann: Dienst- und Arbeitsrecht, in: HdbStKirchR, hrsg. von Ernst Friesenhahn und Ulrich Scheuner in Verbindung mit Joseph Listl, Bd. 1, Berlin 1974, S. 669 ff.

— Grundsätze des Dienst- und Arbeitsrechts der evangelischen Kirche, Essener Gespräche zum Thema Staat und Kirche, hrsg. von Krautscheidt / Marré, Bd. 10, Münster 1976, S. 9 ff.

Freitag, Hans Otto: Behörden als Zurechnungssubjekt relativer Rechtsbeziehungen kraft normativer Anordnung — Zur Bestimmung der Passivlegitimation durch Prozeßrechtsvorschriften, VerwArch 67 (1976), S. 26 ff.

— Der Gesetzesbegriff in § 30 RVO. Insbesondere Verwaltungsvorschriften als Aufsichtsmaßstab der Staatsaufsicht über die Sozialversicherungsträger, BKK 1970, S. 221 ff.

— Gewohnheitsrecht und Rechtssystem — Eine rechtstheoretische Untersuchung zum Gewohnheitsrecht, insbesondere in der Eingriffsverwaltung, Berlin 1976
(zit.: Gewohnheitsrecht und Rechtssystem)

— Urteilsanmerkung zum Urteil des Bundessozialgerichts vom 6. 5. 1975, Az.: 7 RAr 46/73, SGb. 1976, S. 411 ff.

— Zum Inkrafttreten des Sozialgesetzbuches, KV 1976, S. 8 ff.

— Zur Bedeutung subjektiver öffentlicher Rechte und des Verfahrensrechts für das Verhältnis von Verpflichtungsklage und verbundener Leistungsklage im Sozialgerichtsverfahren, DVBl. 1976, S. 6 ff.

Friesenhahn, Ernst: Die Kirchen und Religionsgemeinschaften als Körperschaften des öffentlichen Rechts, in: HdbStKirchR, hrsg. von Ernst Friesenhahn und Ulrich Scheuner in Verbindung mit Joseph Listl, Bd. 1, Berlin 1974, S. 545 ff.

Fuß, Werner: Kirche und Staat unter dem Grundgesetz, DÖV 1961, S. 734 ff.

Gallwas, Hans-Ullrich: Die Erfüllung von Verwaltungsaufgaben durch Private, VVDStRL 29 (1971), S. 211 ff.

Gitter, Wolfgang: Schadensausgleich im Arbeitsunfallrecht, Tübingen 1969

Grawert, Rolf: Historische Entwicklungslinien des neuzeitlichen Gesetzesrechts, Der Staat 11 (1972), S. 1 ff.

Grundmann, Siegfried: Das Bundesverfassungsgericht und das Staatskirchenrecht, JZ 1966, S. 81 ff.

Häberle, Peter: „Staatskirchenrecht" als Religionsrecht der verfaßten Gesellschaft, DÖV 1976, S. 73 ff.

Hansen, Hans-Jürgen: Fachliche Weisung und materielles Gesetz. Zugleich ein Beitrag zur Lehre von der Gewaltenteilung, zum Gesetzmäßigkeitsprinzip und zum Vorbehalt des (formellen) Gesetzes, Hamburg 1971
(zit.: Fachliche Weisung)

Harling, Otto v.: Kirchliches Beamtenrecht im sozialen Rechtsstaat, ZevKR 10 (1963/64), S. 302 ff.

Heckel, Johannes: Das staatskirchenrechtliche Schrifttum der Jahre 1930 und 1931, VerwArch 37 (1932), S. 280 ff.

Heinz, Hans-Michael v.: Entsprechungen und Abwandlungen des privaten Unfall- und Haftpflichtversicherungsrechts in der gesetzlichen Unfallversicherung nach der Reichsversicherungsordnung, Berlin 1973
(zit.: Entsprechungen und Abwandlungen)

Hesse, Konrad: Der Rechtsschutz durch staatliche Gerichte im kirchlichen Bereich, Göttingen 1956
(zit.: Rechtsschutz)

— Das Selbstbestimmungsrecht der Kirchen und Religionsgemeinschaften, in: HdbStKirchR, hrsg. von Ernst Friesenhahn und Ulrich Scheuner in Verbindung mit Joseph Listl, Bd. 1, Berlin 1974, S. 409 ff.

— Schematische Parität der Religionsgesellschaften nach dem Bonner Grundgesetz?, ZevKR 3 (1953/54), S. 188 ff.

Hippel, Eike v.: Schadensausgleich bei Verkehrsunfällen, Berlin 1968

Hoffmann-Becking, Michael: Die Beteiligungsfähigkeit und passive Prozeßführungsbefugnis nichtrechtsfähiger Gliedkörperschaften der Universitäten im Verwaltungsprozeß, DVBl. 1972, S. 299 ff.

Hollerbach, Alexander: Die verfassungsrechtlichen Grundlagen des Staatskirchenrechts, in: HdbStKirchR, hrsg. von Ernst Friesenhahn und Ulrich Scheuner in Verbindung mit Joseph Listl, Bd. 1, Berlin 1974, S. 215 ff.

Hoppe, Werner: Organstreitigkeiten vor den Verwaltungs- und Sozialgerichten, Siegburg 1970
(zit.: Organstreitigkeiten)

Howe, Alphonsus v.: Commentarium Lovaniense in Codicem Juris Canonici, Vol. I, Tom. I: Prolegomena, ed. altera, Mecheln und Rom 1945
(zit.: Commentarium I)

Jantz, Kurt: Prinzipien der Gesetzgebung in der Unfallversicherung, in: Festschrift für Herbert Lauterbach, Berlin 1961, S. 15 ff.

Jesch, Dietrich: Gesetz und Verwaltung. Eine Problemstudie zum Wandel des Gesetzmäßigkeitsprinzipes, 2. Aufl., Tübingen 1968
(zit.: Gesetz und Verwaltung)

Jone, Heribert: Gesetzbuch der lateinischen Kirche, Erklärung der Kanones, 2. Aufl., Paderborn 1950 - 53

Jurina, Josef: Dienst- und Arbeitsrecht in der katholischen Kirche, Essener Gespräche zum Thema Staat und Kirche, hrsg. von Krautscheidt / Marré, Bd. 10, Münster 1976, S. 57 ff.

Kötz, Hein: Haftung für besondere Gefahr, AcP 170 (1970), S. 1 ff.

Kottenberg / Rehn: Gemeindeordnung für das Land Nordrhein-Westfalen, Loseblattausgabe, 10. Aufl., Siegburg 1972 ff.

Krohn, Johannes: Die Soziale Unfallversicherung im System des Rechts, in: Festschrift für Herbert Lauterbach, Berlin 1961, S. 23 ff.

Küng, Hans: Die Kirche, Freiburg/Basel/Wien 1967

Larenz, Karl: Die Prinzipien der Schadenszurechnung, JuS 1965, S. 373 ff.

— Methodenlehre der Rechtswissenschaft, 3. Aufl., Berlin/Heidelberg/New York 1975

Lauterbach, Herbert: Gesetzliche Unfallversicherung, 3. und 5. Buch der RVO, 3. Aufl. bis einschl. 29. Erg.-Lfg. — Mai 1976 —, Stuttgart/Berlin/Köln/Mainz 1976
(zit.: Unfallversicherung)

Leverenz: Variationen der Rechtsprechung in der Gliederung der Gerichtsbarkeiten — Dargestellt am Problem der Kausalität, SGb. 1961, S. 261 ff.

Lieberg, Hellmut: Amt und Ordination bei Luther und Melanchton, Göttingen 1962
(zit.: Amt und Ordination)

Listl, Joseph: Das Grundrecht der Religionsfreiheit in der Rechtsprechung der Gerichte der Bundesrepublik Deutschland, Berlin 1971

— Glaubens-, Gewissens-, Bekenntnis- und Kirchenfreiheit, in: HdbStKirchR, hrsg. von Ernst Friesenhahn und Ulrich Scheuner in Verbindung mit Joseph Listl, Bd. 1, Berlin 1974, S. 363 ff.

Luhmann, Niklas: Rechtssoziologie, Bde. 1 und 2, Hamburg 1972

Mann, D. und U.: Welcher Rechtsweg kann für die vermögensrechtlichen Ansprüche der Geistlichen und Kirchenbeamten eröffnet werden?, DVBl. 1962, S. 243 ff.

Martens, Wolfgang: Öffentlich als Rechtsbegriff, Bad Homburg 1969

Maunz, Theodor: Der öffentliche Charakter der kirchlichen Aufgaben, in: Festschrift für Ernst Forsthoff zum 70. Geburtstag, München 1972, S. 229 ff.

— Die Gesetzmäßigkeit des Fernsehwerbens, BayVBl. 1957, S. 4 ff.

Maunz / Dürig / Herzog: Grundgesetz, 3. Aufl., München 1971 ff.

May, Georg: Das geistliche Wesen des kanonischen Rechts, in: Miscellanea Erfordiana, hrsg. von E. Kleineidam und H. Schürmann, Leipzig 1962, S. 174 ff.
(zit.: Das geistliche Wesen)

Menger, Christian-Friedrich: System des verwaltungsgerichtlichen Rechtsschutzes. Eine verwaltungsrechtliche und prozeßvergleichende Studie, Tübingen 1954
(zit.: System)

Meyer-Cording, Ulrich: Die Rechtsnormen, Tübingen 1971

Miesbach / Baumer: Die gesetzliche Unfallversicherung nach dem Unfallversicherungs-Neuregelungsgesetz, 2. Aufl., Frankfurt 1971 ff.

Mikat, Paul: Das Verhältnis von Kirche und Staat nach der Lehre der katholischen Kirche, in: HdbStKirchR, hrsg. von Ernst Friesenhahn und Ulrich Scheuner in Verbindung mit Joseph Listl, Bd. 1, Berlin 1974, S. 143 ff.

— Kirchen und Religionsgemeinschaften, in: Die Grundrechte, hrsg. von Karl August Bettermann, Hans-Carl Nipperdey und Ulrich Scheuner, IV. Bd., 1. Halbbd., 2. Aufl., Berlin 1972, S. 111 ff.

— Kirchliche Streitsachen vor den Verwaltungsgerichten, in: Staatsbürger und Staatsgewalt. Verwaltungsrecht und Verwaltungsgerichtsbarkeit in Geschichte und Gegenwart, Bd. II, hrsg. von Helmut Külz und Richard Naumann, Karlsruhe 1963, S. 315 ff.

Mörsdorf, Klaus: Lehrbuch des Kirchenrechts auf Grund des Codex Iuris Canonici, begründet von Eduard Eichmann, fortgeführt von Klaus Mörs-

dorf, I. Bd., 11. Aufl., München/Paderborn/Wien 1964
(zit.: Lehrbuch des Kirchenrechts I)

— Die Stellung des Ministranten nach kanonischem Recht, Archiv für katholisches Kirchenrecht, Bd. 143 (1974), S. 448 ff.

— Kritische Erwägungen zum kanonischen Amtsbegriff, in: Festschrift für K. G. Hugelmann, Bd. I, Aalen 1959, S. 383 ff.

Mosiek, Ulrich: Verfassungsrecht der Lateinischen Kirche, Bd. I (Grundfragen), Freiburg i. Br. 1975

Müller, Friedrich: Normstruktur und Normativität. Zum Verhältnis von Recht und Wirklichkeit in der juristischen Hermeneutik, entwickelt an Fragen der Verfassungsinterpretation, Berlin 1966

Münch, Ingo v.: Verwaltung und Verwaltungsrecht im demokratischen und sozialen Rechtsstaat, in: Allgemeines Verwaltungsrecht, hrsg. von Hans-Uwe Erichsen und Wolfgang Martens, Berlin/New York 1975, S. 1 ff.
(zit.: Verwaltung und Verwaltungsrecht)

Münter, Wilhelm-Otto: Die Gestalt der Kirche „nach göttlichem Recht“, München 1941
(zit.: Gestalt)

Noell, Kurt: Die gesetzliche Unfallversicherung der Unternehmer, dargestellt am Beispiel der Unternehmer der Land- und Forstwirtschaft, in: Festschrift für Herbert Lauterbach, Berlin 1961, S. 105 ff.
(zit.: Die gesetzliche Unfallversicherung der Unternehmer)

Ortlepp, Hanns-Peter: Das Recht der Unfallversicherung, in: Handbuch zum Sozialrecht, Gruppe 4, hrsg. von Werner Doetsch, Neuwied 1976
(zit.: Handbuch zum Sozialrecht)

Ossenbühl, Fritz: Die Erfüllung von Verwaltungsaufgaben durch Private, VVDStRL 29 (1971), S. 137 ff.

Persson, Per Erik: Repraesentatio Christi. Der Amtsbegriff in der neueren römisch-katholischen Theologie, Göttingen 1966
(zit.: Repraesentatio Christi)

Pestalozza, Christian: „Formenmißbrauch“ des Staates. Zur Figur und Folgen des „Rechtsmißbrauchs“ und ihrer Anwendung auf staatliches Verhalten, München 1973

Peters, Hans: Die Gegenwartslage des Staatskirchenrechts, VVDStRL 11 (1954), S. 177 ff.

— Öffentliche und staatliche Aufgaben, in: Festschrift für Hans Carl Nipperdey, Bd. II, München und Berlin 1965, S. 877 ff.

Pfennig, Gerhard: Der Begriff des öffentlichen Dienstes und seiner Angehörigen, Berlin 1960

Pirson, Dietrich: Universalität und Partikularität der Kirche, München 1965

Quaritsch, Helmut: Kirchen und Staat. Verfassungs- und staatstheoretische Probleme der staatskirchenrechtlichen Lehre der Gegenwart (aus: Der Staat 1 (1962), S. 175 - 197 und S. 289 - 320), in: Staat und Kirchen in der Bundesrepublik, hrsg. von Helmut Quaritsch und Hermann Weber, Bad Homburg v.d.H./Berlin/Zürich 1967, S. 265 ff.

— Staat und Souveränität. Band I: Die Grundlagen, Frankfurt 1970

Rahner / Vorgrimler (Hrsg.): Kleines Konzilskompendium, sämtliche Texte des Zweiten Vatikanums mit Einführungen und ausführlichem Sachregister, 9. Aufl., Freiburg i. Br. 1974
(zit.: Kleines Konzilskompendium)

Rauball / Rauball: Gemeindeordnung für Nordrhein-Westfalen, 2. Aufl., München 1974

Röhl, Klaus F.: Das Dilemma der Rechtstatsachenforschung, Tübingen 1974

Rode, Karlheinz: Die Betriebskrankenkasse — eine privatautonom errichtete öffentliche Körperschaft?, BKK 1975, S. 160 ff.

— Gesetzliche Pflichtversicherung und persönliche Freiheit, Sonderbeilage der „Versicherungswirtschaft", Heft 18 vom 15. September 1970

Rüthers, Bernd: Kirchenautonomie und gesetzlicher Kündigungsschutz. Zur Arbeitgeberkündigung wegen tendenzwidrigen Verhaltens kirchlicher Arbeitnehmer, NJW 1976, S. 1918 ff.

Rudolf, Walter: Verwaltungsorganisation, in: Allgemeines Verwaltungsrecht, hrsg. von Hans-Uwe Erichsen und Wolfgang Martens, Berlin/New York 1975, S. 413 ff.

Rupp, Hans-Heinrich: Grundfragen der heutigen Verwaltungsrechtslehre. Verwaltungsnorm und Verwaltungsrechtsverhältnis, Tübingen 1965
(zit.: Grundfragen)

Ruppel, Erick: Fragen des kirchlichen Disziplinarwesens im Lichte der Zwei-Reiche-Lehre, in: Festgabe für Rudolf Smend, Tübingen 1962, S. 349 ff.
(zit.: Disziplinarwesen)

Schenk, Hans Georg: Die Emanzipation des Jus humanum vom Jus divinum. Ein Beitrag zur Geschichte des Rechtspositivismus, in: 33 Beiträge zur Reinen Rechtslehre, hrsg. von Rudolf Aladár Métall, Wien 1974, S. 405 ff.

Scheuner, Ulrich: Das System der Beziehungen von Staat und Kirchen im Grundgesetz. Zur Entwicklung des Staatskirchenrechts, in: HdbStKirchR, hrsg. von Ernst Friesenhahn und Ulrich Scheuner in Verbindung mit Joseph Listl, Bd. 1, Berlin 1974, S. 5 ff.

— Die Nachprüfung kirchlicher Rechtshandlungen durch staatliche Gerichte. Zum Urteil des BGH vom 18. 2. 1954, ZevKR 3 (1953/54), S. 352 ff.

Scheven, Dieter: Ist der kirchliche Dienst öffentlicher Dienst?, ZBR 1964, S. 289 ff.

Schlaich, Klaus: Der Öffentlichkeitsauftrag der Kirchen, in: HdbStKirchR, hrsg. von Ernst Friesenhahn und Ulrich Scheuner in Verbindung mit Joseph Listl, Bd. 2, Berlin 1974, S. 231 ff.

Schlief, Karl-Eugen: Die Organisationsstruktur der katholischen Kirche, in: HdbStKirchR, hrsg. von Ernst Friesenhahn und Ulrich Scheuner in Verbindung mit Joseph Listl, Bd. 1, Berlin 1974, S. 299 ff.

Schnapp, Friedrich E.: Amtsrecht und Beamtenrecht. Eine Untersuchung über normative Strukturen des Innenbereichs, Berlin 1977

— Gebührenfreiheit der Kirchen im verwaltungsgerichtlichen Verfahren in den ehemals preußischen Ländern, ZevKR 14 (1968/69), S. 361 ff.

— Kommentierung von Art. 20 GG, in: Grundgesetzkommentar Bd. 1, hrsg. von Ingo v. Münch, Frankfurt 1974
(zit.: GG-Kommentar)

Schoch, Max: Verbi divini ministerium, 2 Bde., Tübingen 1968/69

Simon, Helmut: Das Verhältnis von Kirche und Staat nach der Lehre der evangelischen Kirche, in: HdbStKirchR, hrsg. von Ernst Friesenhahn und Ulrich Scheuner in Verbindung mit Joseph Listl, Erster Band, Berlin 1974, S. 189 ff.

Smend, Rudolf: Staat und Kirche nach dem Bonner Grundgesetz, ZevKR 1 (1951), S. 4 ff

Sohm, Rudolf: Weltliches und Geistliches Recht, in: Festgabe der Leipziger Juristenfakultät für Karl Binding zum 7. August 1913, München und Leipzig 1914

— Kirchenrecht (Systematisches Handbuch der Deutschen Rechtswissenschaft, hrsg. von Karl Binding, achte Abteilung, Bd. 1), Leipzig 1892

— Kirchenrecht (Systematisches Handbuch der Deutschen Rechtswissenschaft, hrsg. von Karl Binding, achte Abteilung, Bd. 2), München und Leipzig 1923

Stoodt, Dieter: Wort und Recht, München 1962

Strigl, Richard A.: Sinn und Bedeutung der Amtspersonalität im Kirchlichen Ämterrecht, ArchkathKR 131 (1962), S. 3 ff.

Thielicke, Helmut: Jus divinum und jus humanum, in: Festschrift für Kurt Dietrich Schmidt, Göttingen 1961, S. 162 ff.

Thieme, Werner: Die Zuständigkeit staatlicher Gerichte zur Entscheidung von Streitigkeiten zwischen den Kirchen und ihren Mitgliedern, AöR 80 (1955/56), S. 423 ff.

Thoma, Richard: Grundbegriffe und Grundsätze, in: Handbuch des Deutschen Staatsrechts, hrsg. von Gerhard Anschütz und Richard Thoma, 2. Bd., Tübingen 1932, § 71 (S. 108 ff.)

Tröger, Gerhard: Das Bischofsamt in der evangelisch-lutherischen Kirche, München 1966

Wacke, Gerhard: Über die Heranziehung von Kirchenbeamten und Geistlichen zur Sozialversicherung, AöR 74 (1948), S. 438 ff.

Wannagat: Die unfallversicherungsrechtliche Gefährdungshaftung im allgemeinen Haftungssystem, NJW 1960, S. 1597 ff.

Wannagat, Georg: Lehrbuch des Sozialversicherungsrechts, I. Bd., Tübingen 1965
(zit.: Lehrbuch)

Watermann, Friedrich: Kausalität und Finalität im Recht der gesetzlichen Unfallversicherung, in: Festschrift für Herbert Lauterbach, Berlin 1961, S. 129 ff.

Weber, Hermann: Die Religionsgemeinschaften als Körperschaften des öffentlichen Rechts im System des Grundgesetzes, Berlin 1966
(zit.: Religionsgemeinschaften)

— Der Rechtsschutz im kirchlichen Amtsrecht, NJW 1967, S. 1641 ff.

Wehrhahn, Herbert: Der Stand des Methodenproblems in der evangelischen Kirchenrechtslehre, ZevKR 1 (1951), S. 55 ff.

— Kirchenrecht und Kirchengewalt. Studien zur Theorie des Kirchenrechts der Protestanten auf lutherischer Lehrgrundlage, Tübingen 1956

Wertenbruch, Wilhelm: Sozialverfassung — Sozialverwaltung, Frankfurt 1974

— Sozialverwaltungsrecht, in: Besonderes Verwaltungsrecht, hrsg. von Ingo v. Münch, 4. Aufl., Berlin/New York 1976, S. 333 ff.

— Zur Selbstverwaltung im Sozialrecht, in: Festschrift für Horst Peters, Stuttgart/Berlin/Köln/Mainz 1975, S. 203 ff.

Wickenhagen: Urteilsanmerkung, SGb. 1976, S. 70

Wolf, Erik: Rechtsgedanke und biblische Weisung. Drei Vorträge, Tübingen 1947

Wolff, Hans J.: Organschaft und Juristische Person, 2 Bde., Neudruck der Ausgabe Berlin 1933/34, Aalen 1968
(zit.: Organschaft I und Organschaft II)

— Verwaltungsrecht III, 3. Aufl., München 1972

Wolff / Bachof: Verwaltungsrecht I, 9. Aufl., München 1974

— Verwaltungsrecht II, 4. Aufl., München 1976

Zacher, Hans F.: Besprechung von Rupp, Hans Heinrich, Privateigentum an Staatsfunktionen? Eine kritische Untersuchung am Beispiel der Technischen Überwachungsvereine, Tübingen 1963, DÖV 1964, S. 683 f.

Sachwortregister

Abhängigkeit
— vom Arbeit- oder Dienstgeber 20 f.
— wirtschaftliche 22 ff.
Ämterhoheit der Kirchen 69
Amt und Organ 77
Amtsbegriff 11, 16, 67
— kirchlicher 40, 75 ff.
— und Amtsfunktion im öffentlichen Recht 67 ff.
Amtserrichtung 78 f.
Amtsrecht der Kirche 16, 39
Amtsstiftung, göttliche 39
Amtsverständnis, positiv staatliches 17
Amtswalter 17
— kirchlicher 18
Arbeit
— wirtschaftliche 22
— Zweck 22 f.
Arbeitsunfall 20, 35, 99
Arbeitsverhältnis 20 ff.
Aufgaben
— kirchliche 16, 18
— öffentliche und staatliche 59
— übertragene 17
— Wahrnehmung kirchlicher 11, 43

Beschäftigungsverhältnis 20
— versichertes 26
— versicherungsähnliches 27

Chormitglied
— Pflichtenkreis 86
Chorsänger
— Status nach katholischem Kirchenrecht 86 ff.

Dienstnehmer, kirchliche 20
Diözesen 52
— Körperschaften des öffentlichen Rechts 52 ff.

Ehrenamt 16
— Begriff 80 ff.
— evangelischer Chorsänger 36
— in einer öffentlich-rechtlichen Körperschaft 49
— kirchlicher Amtswalter 36
— unentgeltliches 95
— Wahrnehmung 22
Ehrenamtlich Tätige 14, 35, 81 ff.

Gesang 22
— als Arbeit 22
— unentgeltlicher als Leistung 22
Gesetz
— allgemeines 45
— materielles 18
Gesetzesbegriff, staatsrechtlicher 18
Gesetzesvorbehalt 18, 28
Glaubens- und Gewissensfreiheit 43

Hoheitsgewalt 41 ff.

Kantortätigkeit 22
Kirche
— als Körperschaft 51 ff.
— als Rechtsetzer 37
— öffentliche Aufgaben 55 f.
— Organisationsgewalt 64 ff.
— Rechtssubjektivität 79
— Wahrnehmung öffentlich-rechtlicher Aufgaben 61 ff.
Kirchenamt 32, 72, 89
— der Chorsänger 91, 94
— und Selbstbestimmung 40 ff.
Kirchenchor
— als Laienchor 31 f.
— ehrenamtliche Mitglieder 33
— Funktion 31 f.
— liturgische Handlungen 94
— Mitglieder in einem katholischen 11, 21
Kirchengewalt 42
Kirchenmusik 24
— Aufgabe 24 f.
Kirchenmusiker 24
— gelegentlich Tätige 26
— vertragliche Verpflichtung 25
Körperschaftsbegriff 36, 49, 53

Körperschaftsstatus
— katholische Kirche 36
— Kirche 48
Kulthandlungen 64

Leistung
— künstlerische 24
— der Kirchenmusiker 24 ff.
Liturgie 25
— und Musik 25, 31

Ministrant 22, 35

Personenversicherung 20

Recht
— Geltungsgrund kirchlicher 37
— göttliches 74
— kanonisches 17
— positives 15
Rechtsetzer
— kirchlicher 37 f.
— staatlicher 37 f.
Rechtsetzungsbefugnis 38 ff.
Rechtsetzungskonkurrenz 37 f.
Rector ecclesiae 25
Ritenkongregation 92, 93, 94

Sacrosanctum Concilium 92
Sänger
— hauptamtliche 30
— hauptberufliche 20
— im Kirchenchor 31 ff.
— in der katholischen Kirche 30 f.
Sangestätigkeit
— (un-)entgeltliche 32
— hauptamtliche 32
Selbstbestimmungsrecht 40 ff.
— von Kirche und Staat 40 ff.
Sozialleistungen 18
Sozialleistungsrecht
— staatliches 18
Staatsorganisation
— mittelbare 16

Unfallversicherung
— im öffentlichen Interesse tätiger Personen 100 ff.
Unfallversicherungsschutz
— evangelischer Chormitglieder 86
— geschichtliche Entwicklung 98
— gesetzlicher 19
— kirchlicher Amtswalter 18
— kirchlicher Laiendienste 29
— kirchlicher Organwalter 63
— Mitglieder eines Kirchenchores 32 ff., 97
— versicherungsähnliche Beschäftigungsverhältnisse 27
Ungestörte Religionsausübung 43

Versicherungsfall 19
Versicherungsverhältnis 19

Wahrnehmungszuständigkeiten
— amtsrechtliche 16
Wegeunfall 35